乡村振兴战略下粤北中小学生心理健康水平区域性维
探索与构建（2021ZDJS066）

U0460139

教育赋权视域下"心德共育"
一体化教学设计理论与实践

——基于粤北地区的研究

JIAOYU FUQUAN SHIYUXiA "XINDE GONGYU"

YITIHUA JIAOXUE SHEJI LILUN YU SHIJIAN

廖素群　刘新奇　袁　艺◎著

东北师范大学出版社
NORTHEAST NORMAL UNIVERSITY PRESS

图书在版编目（CIP）数据

教育赋权视域下"心德共育"一体化教学设计理论与实践：基于粤北地区的研究 / 廖素群，刘新奇，袁艺著. -- 长春：东北师范大学出版社，2022.11
ISBN 978-7-5681-9814-1

Ⅰ. ①教… Ⅱ. ①廖… ②刘… ③袁… Ⅲ. ①心理健康－健康教育－教学设计－中小学②品德教育－教学设计－中小学 Ⅳ. ① G444 ② G631.6

中国版本图书馆 CIP 数据核字（2022）第 229157 号

□责任编辑：隋晓莹   □封面设计：三仓学术
□责任校对：张　驰   □责任印制：张允豪

东北师范大学出版社出版发行
长春净月经济开发区金宝街 118 号（邮政编码：130117）
电话：0431—85691668
网址：http://www.nenup.com
电子函件：sdcbs@mail.jl.cn
三仓学术制版
武汉鑫佳捷印务有限公司印装
2022 年 11 月第 1 版　2023 年 2 月第 1 次印刷
幅面尺寸：170mm×240mm　印张：22.5　字数：300 千

定价：98.00 元

序 言

"立德树人是教育的根本任务。"青少年是世界观、人生观和价值观形成的关键时期，德育根据社会的要求和德育的规律，自上而下有目的、有计划、有组织地培养学生世界观、人生观和价值观的教育活动。心育关注学生的个性发展和社会适应，是运用有关心理教育的方法和手段，培养青少年良好心理素质和心理机能的教育活动。德育和心育虽然有区别，但其终级目标均以学生成长需求为出发点，培养学生健康"人"格和全面发展。人具有自然性，也具有社会性，两者不可分离。在一定的社会情境之下，赋予孩子身体和心灵成长的机会、空间和可能性，最大限度兼顾实现自然性、社会性和时代性，是长期以来教育的重点和难点。心德的融合，既关注学生的生活世界，解决学生道德上的困惑与难题，同时考虑学生内在心理认知，充分考虑学生主观能动性在教育功能的决定性作用，培养有内化力的学生，以知行并进的德育模式实现德心共育，为学生成为"人"的可持续发展奠定基础。

赋权教育，即赋予孩子感觉、体验、思维和行动，充分激活将孩子作为生命具足的个体，引导孩子身心灵真善美的成长是本研究的初衷。本书从"心德共育"的视角出发，以小学道德与法治课程为依托，将心育元素融入课堂教学，充分发挥以心育德的育人功效，以实现对核心素养的多维培养。韶关市曲江区余靖小学副校长袁艺带领其团队的邓兰英、廖雁、黎虹、李红梅、林雪、龙少辉、罗晓惠、卢萍、丘丽珍、徐彩萍、张丽丽、周芷齐等老师（姓名排序按拼音字母），在教研过程中收集教学素材、付诸教学实践、集体教学研讨，最终使本书梳理成体系，顺利出版，在此一并致谢。

目　录

第一部分　心德共育的逻辑阐述

第二部分　教学设计

第一部分　心德共育的逻辑阐述

第一章　要把孩子培养成什么样的人

　　我们到底要把孩子培养成一个什么样的人？不同的人有不同的回答，有的人说"要把孩子培养成有用的人"，有的人说"要把孩子培养成阳光健康的人"，有的人说"要把孩子培养成有成就、出人头地的人"，也有的人会说"我什么都不奢望，只希望孩子健康地生活就好"。林林总总的回答，跟回答问题这个人的生活经验、受教育程度、观念有很大的关系。

　　为什么要问这个问题？作为家长或者老师的权利和义务，是努力做好自己分内的事情，去培养教育好孩子不就够了吗？是的，许多人都尽自己的努力去培养孩子，结果发现根本不够，也许在付出了所有的努力之后发现，孩子根本不是我们想要他成为什么样子就能成为什么样子的，甚至还与我们的愿望背道而驰。

　　教育是人的教育，人的行为，如果不知道"人是什么"就谈教育，就像行人不知道方向。一个社会对"人"是否有清晰的认识，代表着一个时代的发展水平，也是教育中"有人"或者"无人"的理念的差异。所以，在我们想培养孩子之前首先要知道我们要将孩子培养成什么样的人。尽管这部分的内容显得有点晦涩，但花一点时间了解"人"的哲学认识过程，对人性的思考和理解程度可影响教育工作者的理念和方法，也将极大影响我们如何对待和教育孩子。

一、西方哲学"人"观

回答教育到底是要培养什么样的人，有必要回归人的本质这一原点。

人类对"人"的认识有漫长的历史。在中国，对"人""人性"的探索是一个亘古的主题；同样在西方，从希腊德尔斐神庙前的铭文"认识你自己"开始，后经3000余年，"人"的问题耗去了多少人的智慧和思索！直到今天也许还只能像卢梭所说的"我觉得人类的各种知识中最有用而又最不完备的，就是关于'人'的知识。"

总体而言，从西方近代哲学看来，对人的存在方式上有自然性和社会性矛盾对立之争，对人的思维方式上存在理性和感性的矛盾对立之争。

16世纪，笛卡尔开启了人的理性主体性论。笛卡尔提出的"我思故我在"确立了人的理性主体性，只有"我"思考"我"才存在，就从理论上确立了人的理性相对于感性肉体的优先地位。他认为人的理性的特点是和"自我"合为一体的与客体世界对立的，这种理性最高思维规律是同一或者矛盾的。在笛卡尔的对于这种理性的论述中，精神与物质、主体与客体、认识与实践、理性认识与感性认识、理性的认知与非理性因素（如意志、情感、欲望、冲动、本能等）始终是对立、对抗、不可调和和超越的。笛卡尔对于人的理性认知遭到诸如休谟、卢梭等人的质疑。

卢梭推崇人的自然性，如"人在推理的时候是聪明的，而最高的智慧则不需要进行推理；它不要什么前提，也不要什么结论，甚至连命题都不要；它纯粹是直觉的，它既能认识已经存在的事物，也同样能认识可能存在的事物"[①]。其人性本善论如："本性的最初的冲动始终是正确的，因为在人

---

① ［法］卢梭. 社会契约论［M］. 何兆武，译. 北京：商务印书馆，2001.

的心灵中根本就没有什么生来就有的邪恶""凡是出自造物主的东西，……一到人的手里，就全变坏了"。但其认为"人是生而自由的，但却无往不在枷锁中"，强烈透露出卢梭思想中的悲剧性味道：人类的本体悖论即肉体之间的分裂和冲突。"良心是灵魂的声音，欲念是肉体的声音。这两种声音往往是互相矛盾的。"

康德的思想认识堪称人类思想史上的奇迹。康德终其一生，孜孜探求的就是四个问题："我能够认识什么""我应该做什么""我可以希望什么""人是什么"。康德的思想博大精深，包容了与人类生活密切相关的一切实践领域，思考了人生的根本问题——真善美和假恶丑，度量了人类心灵中的知、情、意三种能力及其功能、条件和界限。他的思想体系不但是科学理论也是实践生活，他从经验、鲜活的历史中揭示了宇宙的智慧，也涵摄了生命的智慧，在浩瀚的自然寰宇中凸现了人的价值、人格的尊严和人性的自由，它关联了整个人类的福祉和人格的尊严，与人们的日常生活息息相通。

康德把世界二分为现象界（自然领域）和物自体（实践领域）。在自然的领域，人必须服从自然法则、因果规律，因而人是不自由的。但人对自然的认识具有主动性，而不是被动接受，这就是认识领域的"哥白尼革命"。它的实质在于，突出了人在认识过程中的中心地位、主体地位，高扬了人的理性的主动性、积极性和创造性。康德认为，人在认识上是不自由的，但人在实践上却是自由的，唯有人具有超越自己的自律（自由），通过实践不断认识接近自然。人成其为人当然也在于人能为自然立法，但从绝对意义上讲，人成其为人却终是因着人自己使自己成为人，而这一点恰恰取决于人的"自我立法"从而使自己具有人格——做人的资格。

康德哲学的最高指向是"以人为目的"。他认为一种哲学，如果不是为了维护人的自由与尊严，那么这样的哲学就是没有价值的。他曾说：一个人的天然使命，就是要求知。为自己的道德立法并且遵从自己的法则，才能实现人的真正价值和尊严。总体而言，真正体现康德哲学主体性思想的是理性，人类正是通过理性（实践理性）自律而超越于一切自然存在物之上，成为不受任何外在因素制约的独立自主的真正主体。

康德哲学的特色是对认识问题与价值问题的执着区辨，带来两种发展趋势：一是强调认识可以生发出更注重逻辑思辨的理性哲学，如黑格尔哲学；二是倚重价值则可以衍生出更瞩目非理性的意志哲学，如叔本华哲学。

康德之后的黑格尔试图用辩证法和逻辑把自然与自由统一起来，从而解决近代哲学的四大对立——思维（主体）与存在（客体）、自由与必然、善与恶、灵魂与肉体。什么是辩证法？辩是辩论，证是证明或者证伪，法是规律规则，因此辩证法就是辩论后证明或者证伪的规律。黑格尔把辩证法理解为最高的思维方式，他认为辩证的逻辑运动的根本动力、原则和基础，就是生命的自否定性。

黑格尔辩证法是绝对精神的自我运动、自我认识、自我实现。它一方面表现为事物的运动，另一方面表现为理性自我意识的反思的运动和升华，以及二者的历史与逻辑的统一。黑格尔认为，否定是"一切活动——生命的和精神的自身运动——最内在的源泉，是辩证法的灵魂"[1]，它"并不是一种外在反思的行动，而是生命和精神最内在、最客观的环节，由于它，才有主体个人、自由的主体"[2]。

可以说黑格尔是极端理性主义者，他认为"理性是世界的主宰"，"'理性'支配世界，而且'理性'向来支配着世界"，由于理性生命具有扬弃自身个别性达到自身普遍性的追求，这便使得机械运动的自然界呈现为由

---

① ［德］黑格尔. 法哲学原理［M］. 范扬，等译. 北京：商务印书馆，1996.

② ［德］黑格尔. 法哲学原理［M］. 范扬，等译. 北京：商务印书馆，1996.

低到高的合乎目的性的历史发展。黑格尔对人的理性的能动性和自由进行了空前挖掘和弘扬。然而，由于把这种绝对逻辑思辨的理性精神当作人的真正本质，所以，"自然界以及历史所创造的作为人的产物的自然界的人类性，就表现在它们是抽象精神的产物"①，人类历史也成了"不过是抽象的绝对的思维，亦即逻辑的、思辨的思维的生产史"②，也就是说人就是精神的产物，精神主宰了人类。显然，这并不合适。

叔本华与黑格尔是同一时代的哲学家，他对黑格尔的"逻辑"提出了强烈的批判："作为一个人，乃是要隶属于一个禀具理性的人类，以一个样品的身份隶属于它，因之人类或同类高于个体，而如此的意义乃是说不再有个体而只有样品。"③从此，寻找"有个性的个人"成为新时代哲学的主题。然而叔本华并非完全否定理性，他认为从根本上说，无目的的"意志是第一性的，最原始的；认识（理性）只是后来附加的，是作为意志现象的工具而附属于意志现象的"。也就是说，理性是受非理性的意志驱使的工具，理性是第二位的。这样，叔本华就把意志抬高为宇宙万物的本质本原，断言意志就是康德所说的"物自体"，就是"世界的内在本质"，同时也是"人的本质"。

"世界是我的表象""世界是我的意志"是叔本华的两个基本命题。一方面表明他认为世界除了是表象和意志以外，不可能再是别的东西；另一方面也突出了世界是由于"我"依赖于"我"而存在的。"所以在这两重观点之下，每人自己就是全世界，就是小宇宙，并看到这世界的两方面

---

① ［德］黑格尔. 精神现象学. 上卷［M］. 贺麟，王玖兴，译. 北京：商务印书馆，2011.

② ［德］黑格尔. 精神现象学. 上卷［M］. 贺麟，王玖兴，译. 北京：商务印书馆，2011.

③ ［德］叔本华. 伦理学的两个基本问题［M］. 任立，孟庆时，译. 北京：商务印书馆，1996.

都完整无遗地皆备于我。而每人这样认作自己固有的本质的东西，这东西也就囊括了整个世界的、大宇宙的本质。所以，世界和人自己一样，彻头彻尾是意志，又彻头彻尾是表象，此外再没有剩下什么东西了。"①叔本华就在黑格尔理性哲学的重重高压下，把对人的研究重点从普遍人类理性转移到个我、个体性上来。这一贡献无论如何是应该肯定的——因为他在理性之网中把个体剥落出来了。

但叔本华的这种格调是太悲观了——以寻求生命的意义为使命的哲学，其结论是否定生命的意义——他把人的生命意志的冲动的作用看得太消极了。他囿于这种生存意志在其欲火中烧、四处碰壁的有限现实世界，却没有看到正是这种生存意志的冲力带来了无限可能世界。可是他仍然以哲人的智慧向我们指出了：那种源于生命本原的无端的痛苦，总是像影子紧跟光明一样伴随着不断有所追求的人生。从这一点来说，他确实是强有力地加深了我们对"自己"的认识、对"人"的认识。因为一个善恶并存的世界必然使人哀乐共生。

尼采接过了叔本华的话题。他不满足于叔本华的悲观色彩，把"求生意志"改造为"权力意志"。探寻人生的意义，这是尼采哲学的主题。他认为人是"尚未定型的动物"，正因为人并非一成不变的这一既定本质，所以人可以改变自己，塑造自己，创造自己的本质。马克思强调人是通过劳动自我创造的，但尼采则认为，人的自我创造的途径是评价。因此，他注重的是人性形成的内部心理机制——评价也就是赋予意义，赋予生命以目的。人的这种寻求意义、赋予意义的执拗天性是任何东西都摧毁不了的，它正是人性发展的伟大动力。他认为人与周围世界的关系只是一种价值关系，真理只是一种价值判断，认识只是评价。人出于本性就是价值动物，

---

① ［德］叔本华. 伦理学的两个基本问题［M］. 任立，孟庆时，译. 北京：商务印书馆，1996.

他仅仅从自己的需要出发去认识事物。人以他自己赋予事物以人的意义而使自己成为人。尼采无疑夸大了认识中的价值成分，而抹杀了其中的科学成分。

狄尔泰从生活、生命的角度去尝试解决这一问题，并在此基础上开创了以"理解"为核心的精神科学。精神科学极为重要的范畴是表达、意义和理解。人类的生活通过表达才能被认识，文化就是人类生活的表达。只有人类的生活才是有意义的，因此意义是对人类生活的规定。而意义的把握需要通过复杂的精神活动对事实进行把握，这个过程就是理解。理解就是以自身去使对象感悟，其结果是在"你"中重新发现"我"。理解是对于生活的再创造，它使表达具有了意义，使精神世界成为一体，使历史成为现实，使人成为人类，使生活成为永恒。

在他看来，生活——人类的精神生活是人类文化的一种整体建构，它是人类存在的一种最高境界，它成为人本身，它创造生命的价值，因此，它本身就包含有生命的意义。而生活问题，只有历史才会讲清楚。因为生活是相关于历史的，只有在生活的历史进程中，才能真正把握住全部历史生活的本质。同时，生活又是一种经验。但这种经验，绝非仅仅局限在感性知觉的范围内，也不能只从技术思维的角度去理解。经验是一种普遍的文化现象，表现为人类的无限丰富多彩的精神生活。狄尔泰就把以往哲学对人的问题的纯抽象思考，转换和归结到了对于人的历史的生活经验的关注上来——这种生活经验是怎样的，人也就是怎样的。

狄尔泰认为有两个世界：物理世界和精神世界。前者就是人类心灵外面的世界，后者则是人类心灵的世界，精神生活的世界。以往的人们过分专注于理性，而忽视了人非理性的一面。但精神生活却正是要在某种非理性化的过程中，最真切、最完美地去理解生活的本质，去解释生活的意义——精神活动就是一种非理性的心灵体验。

为了克服科学危机和哲学危机，胡塞尔哲学应运而生。当时的紧迫问题一为科学领域里的实证主义泛滥，二为哲学内部的虚无主义猖獗。胡塞尔为此寝食难安，他希望通过他的努力能实现以严格科学的标准重建西方哲学，从而克服分裂，恢复哲学的统领地位。

因此，胡塞尔倾注了全部心血试图建立一门"作为严格科学的哲学"，"使得从伦理——宗教的观点来看是受纯粹理性的规范规整的生活成为可能的科学"。① 在这种"科学"中，人才不会被"物化"，人才是活生生的、有个性的人，人才会有生活，同时，也才能回答人生有无意义的根本问题。胡塞尔就把科学与生活的问题凸现出来了。他第一次提出了"生活世界"的概念。但在他那里，返回生活世界只是实现先验还原的一条途径。胡塞尔试图以更透彻的理性去剖析、扭转那误入歧途的近代理性主义，推进哲学科学化，以此来保证自然与人文科学的和谐发展，从而摆脱人的危机。胡塞尔的"纯意识论"让他陷入了"唯我论"的泥潭，为此他提出了"主体间性"，在此基础上，后人围绕"我与他"关系进行了新的理论尝试。

海德格尔是胡塞尔的学生，他的哲学思想几乎可以和康德媲美。他的赫赫声名来自他在"存在"问题上的独到建树，他认为西方哲学从一开始就严重混淆了存在与存在者。如果把存在者当作存在来追问，其结果就是遗忘了存在本身。对根本问题的遗忘必然导致哲学的无根状态，由此也就遗忘了人自身。存在不是某种什么，所以我们不能问它是什么，一旦如此发问就成了对存在者的追问。而存在不是存在者。存在只是显现着，它作为什么也不是的自身显现着。也就是说，无论怎样思考存在，反正不能把存在当作从一切存在者那里抽象出来的某种东西，因为存在既非抽象出来的，也非某种东西。

---

① 扈中平，蔡春，吴全华，等．教育人学论纲［M］．北京：高等教育出版社，2015.

在对人的理解上，他认为：我们不能再用"人是什么"这一发问模式，而应该问"人如何存在"——这是生存论的发问模式。存在方式即人的本质。人并没有现成的"是什么"，并没有固定的本质。人的"本质"就是去生存，去存在，所以，海德格尔才反对"人是理性动物"的观点，同时他也批判"人不是理性动物"的观点。顺着这条思路，海德格尔又进行了更深入的探索。他把存在和存在者之区分称为存在论差异，而"存在论差异的这一根据，我们先行称之为此在的超越"。"存在地地道道是超越。此在存在的超越性是一种与众不同的超越性。"超越就是对自身的超越，摆脱沉沦的非本真状态。唯其如此，它才是人之为人的根本。海德格尔认为自由与人的生命不可分割。自由就不能仅仅被理解为人的属性，它是存在论立场上的自由。这种存在论立场表明：自由使人成其为人。因此在海德格尔那里，自由和存在是等同的：就像人不得不存在一样，人也不得不自由。

与海德格尔不同，萨特更注重找到什么是自由之路而不是发现人为何是自由的。萨特把存在划分为"自在的存在"和"自为的存在"，前者指外界的物质世界，它是自身独立的存在；后者即人的意识，它总要指向某个对象，所以"自为的存在被定义为是其所不是且不是其所是"。从本体论上讲，"自为的存在"只存在为对某物的意识，它是没有自身存在基础的存在，它先天地即由一个超出自己的、不能被自己完全同化的另一种存在——自在的存在——所支持。它只是作为对"自在的存在"的呈现或虚无化而存在。也正因为自为是一种欠缺，所以它永远处在超越自身、不断虚无化的过程之中。而天地间只有"人是使虚无来到世界上的存在"，只有人才是自为的存在。

"存在先于本质"就是对作为自为的人的经典描述。意思是说，人首先是存在——一个人在谈得上别的一切之前，首先是一个把自己推向未来的东西，并且感觉到自己在这样做。这就是主观生命的规划，而不是一种苔藓或者一种真菌。所以人就要对自己是怎样的人负责。人明白自己的本来面目，并且把自己存在的责任完全由自己担负起来。还有，当我们说人对自己负责时，我们并不是指他仅仅对自己的个性负责，而是对所有的人负责。自由和责任是萨特确立人作为自为存在的核心概念。

马克思处于黑格尔思辨哲学时代，他不满于黑格尔用绝对精神构建起来的理念、逻辑之网，他要把泯灭于逻辑之中的真正的有个性的个人从沉重的理念体系中解放出来，让人立足于自己真实的生活，让人生发于自由充实的生命。马克思的伟大之处就在于他紧紧抓住时代的脉搏，但又不仅仅囿于时代，而是在继承前人的基础上对哲学进行了根本性的变革，而贯穿这一划时代变革的思想主线就是人的解放。马克思是立足于"实践"来谈人的解放。他认为自然主义和人道主义并不存在以"心"与"物"、"能动"与"受动"、"自由"与"必然"的二元对立为背景的二元对立，因为问题并不是简单地归结为抽象的自然界——非"人化的自然界"因而是非现实的自然界，也不是简单地归结为抽象的人——非"能动"或非"受动"的人因而是非现实的人，而是收摄、整合、统一于人的具体实践。因此，马克思把哲学从抽象的思辨天国拉向了充满生命灵动的生活世界。

马克思指出："人的本质并不是单个人所固有的抽象物，在其现实性上，它是一切社会关系的总和。"① 因此，人是自然和社会的共同产物。

二、中国哲学"人"观

中国哲学分为古代哲学和现代哲学。古代哲学主要指"春秋百家争鸣""汉唐儒道三玄""宋代儒学的发展""近代中西融合"四个阶段。

---

① ［德］马克思，恩格斯. 德意志意识形态［M］//马克思，恩格斯. 马克思恩格斯选集（第1卷）. 北京：人民出版社，1995.

诸子百家中，儒、道、墨、法等诸家都以天道观为其伦理学说的理论依据。秦汉以后儒学被奉为正统，无论是董仲舒的"天人感应论"还是王弼的"名教出于自然"的主张，都是通过各自的本体论为儒家的纲常伦理做出论证。在宋明理学中，本体论、认识论与道德论的结合更为显著。张载以气为万物本原，宣扬"民吾同胞，物吾与也"的仁爱精神，"二程"和朱熹以理为本体，强调天理即是人伦的最高原则。

中国传统文化的核心观念是"天人合一"——一种人与自然未分化状态下的合一。而对这种过早的"合一"所进行的整体观照又导致了中国文化对人的整体、群体的强调和偏好。因此，中国文化的本质精神首先是一种强调群体的整体主义，进而是一种特定的自然主义。

这一整体主义所强调的人伦观念表面上看是对自然的超越，而实际上则是对自然的回归和肯定。构成中国传统社会关系之纲常伦理的君臣、父子、兄弟、夫妻等关系，不过是自然关系（血缘关系）的放大。因此，以天人合一观念为基础、以整体主义为本质特征的中国传统文化是一种对自然认同的自然主义。

与此相对应的是中国人自在、自发的生活方式和存在方式。也就是说，中国人主要生活在一个凭借给定的归类模式和重复性实践（思维）以及血缘和天然情感而加以维系的自在的、近乎自然的领域——日常生活领域。从现代化的内涵来看，这种完全凭借传统、习惯、经验、自然情感等日常生活图式而自发地、重复性地活动的日常生活主体，与以商品经济、现代科技为基础的现代工业社会所要求的具有主体意识和科学理性的自由自觉的和创造性的主体格格不入。当前我们强调和弘扬的创新精神在一定程度上可以理解为现代人在社会生产活动中或者在日常生活中，都呈现出一种超越日常生活的思维图式和活动方式的冲动和倾向，是一种极其重要的对"人是什么"内涵的发展。

三、教育人学育人观

（一）什么是教育人学

所谓人学就是以整体的人为研究对象的学科，主要研究人的本质、人的形成和进化、人的存在和发展、人的现代图景和未来等问题，它关注人的心灵世界，追寻生命的意义，要为个体找到最合适的存在方式。

教育人学是应用人类学的概念、原理和方法来研究教育的一门介于教育学与人类学之间的新兴边缘学科，它渗透百科、博取诸家，倡导从人类发展的宏观高度来把握现代教育的本质，打破那种囿于教育本位、以教育论教育的陈陋状况。从人类历史发展上提供了一个全方位考察教育与人的发展的新方法和新维度，促进了传统教育的更新和现代教育的进化。

"人是一切造物中最崇高、最完善、最美好的。"但"人是唯一必须受教育的被造物。"[①] 作为生命体，人和其他动物一样是自然的产物。"动物只是按照它所属的那个种的尺度和需要来构造，而人却懂得按照任何一个种的尺度来进行生产，并且懂得处处都把内在的尺度运用于对象；因此，人也按照美的规律来构造。"[②] 教育就是将人从动物教化"成为人"的手段和过程。正如"狼孩"，一个由狼抚养长大的人类的孩子，作为自然产物依然可以"吃""喝""行""走"，但只是生存着而已。他们除了外形和狼有所差别，其他和狼如出一辙，在此意义上他们并没有"成为人"。

"教育人学"内涵包括三个层面，一是"教育：人是目的"。二是"教

---

① ［德］马克思. 1857—1858 年经济学手稿［M］// 马克思，恩格斯. 马克思恩格斯全集（第30 卷）. 北京：人民出版社，1995.

② ［德］马克思. 1857—1858 年经济学手稿［M］// 马克思，恩格斯. 马克思恩格斯全集（第30 卷）. 北京：人民出版社，1995.

育：人之生成"。三是"教育：人对人的活动"。即"教育人学"是探讨一种以人的方式进行的、以人为目的的、以成人为根本宗旨的人的教育。

（二）教育人学的育人观

对于"人是什么"这个问题，众多哲学家对其均有相当精辟的阐述。卢梭、康德、黑格尔、海德格尔、萨特、马克思都论述了"自由"，可见教育孩子"自由"对"成为人"是非常重要的。海德格尔的观点中除了"自由"还有"超越"，萨特的"自由"是与"责任"为一体的，马克思的"自由"是立足"实践"的。除此之外，叔本华强调"有个性的人"，尼采和狄尔泰强调是"生命的价值和意义"，狄尔泰更强调"心灵体验"，胡塞尔强调"生活世界"。不能说以上哲学家对人的认识就是人的全部，但至少启发了我们教育的方向。也就是说，终极成为人应该是"自由的""有个性的""有超越的""有责任的"和"有意义的"。

顺着这样的思路我们需要回答的问题是：怎样的人才是"自由的""有个性的""有超越的""有责任的"和"生命有意义有价值的"？

首先是关于"自由"的理解。自由是什么？在哲学家的眼中，他们讨论的主要有两个方面的问题，一是什么样自由，是思想的自由还是行为的自由；二是如何实现自由。卢梭认为人的思想是自由的，但会受到自身的认识的限制，所以人也不可能实现自由。康德认为，人对自然的认识具有主动性，所以人在实践上是有自由的，且人通过自律获得思想和实践的自由，这样就有了"做人的资格"。黑格尔认为，由于人的生命的自否定性决定了人是通过精神自身运动进行自我认识和自我实现的自由个体。海德格尔认为，人通过超越摆脱沉沦的状态才能成为自由的人。萨特则认为，人对自己的生命应有规划并完全负起责任，不断把自己推向未来才能成为自由的存在。马克思则认为，可以通过生活实践解放人类，实现人类的自由。

一言以蔽之，哲学家们认为人不管是在思想认识方面还是在行为方面都可以实现自由，但也是有前提的，前提是在一定的社会关系中不断地去实践进而不断地"超越"。

正如马克思认为的，通过立足于人类真实的生活"把人的世界和人的关系还给人自己"。这个关系包括人和世界的关系，比如人对世界的认识、人对世界的创造和改变、世界对人的反作用等；还包括人与人的关系，比如人如何表现自己、人如何认识自己、人如何创造发展自己等，最终实现人的全部。

所以教育就是让孩子本性（生命自然性）具足地去认识世界和认识自己，创造世界和创造自己，那么这是不是就实现了"成为人"的这一目标呢？

什么是生命自然性？笔者认为生命自然性包含两个方面，一方面是作为自然生命体的存在，以生存和繁衍为特征；另一方面是作为生命价值的主体，以实现生命的意义为特征。自然生命个体是千差万别的，这就涉及个性。叔本华、尼采和马克思都提到了人的个性化，但他们之间有明显的不同。叔本华认为，每一个个体都是宇宙的全部，因此每个人都是一个小宇宙，过于夸大人的生命意志的冲动。尼采的个性化主要是指个人对生命意义的评价和追寻，以及生命意义对于生命个体的价值哲学思辨。在马克思的眼中，有个性的人和有自由的人是相等同的。人的自由以人的独立性为前提。自由的主体是人，只有人才能充当自由主体的角色。但自由却是首先通过人的独立性来展现的。缺乏独立性的个人，不可能有真正的自由。自我意识是独立性的第一个层面，也就是说，要首先意识到自己的独立存在，但仅此还不够。如果一个人不从事争取自由的实际活动，或者在活动中不是按照自己的意志行动，而是受制于他人的意志，他仍然不能算是真正的自由主体，充其量只能算是潜在的自由主体。这表明，自由主体既是具有自我意识的人，更是以追求自身解放为目的而从事实际活动的人。从这个意义上讲，人的自由又是自赋的，是自我努力和积极争取的结果。

所以，从马克思哲学体系来看，若是要实现人的"解放"，培养人的个性和独立性是教育的必然要求。

人的个性是什么？人的个性是有自然基础的兴趣、爱好、能力倾向等。从生物学上来讲，人的遗传基因的排列虽然有一定的规律性，但这种排列组合是无限丰富多样的，这就是造成不同个体之间差异性的生理基础。在不同环境之下，这些自然的差异性的发展，如个人的潜意识、情绪、性格、感情和欲望等，也不可能完全归结于人的社会性或阶级性。这些性格、感情因素的差异性，恰恰是人的个性的重要表现。

因此，教育以自由为出发点，就是首先从培养人的独立性入手。教育即人的引出，引出的就是一个意识到人之为人的有尊严的人，就是一个自己把握自己命运的人，就是一个超越自己而独立起来的人。杜威曾从人的独立性的角度阐发过他的教育观，在《哲学的改造》一书中，杜威指出：童年期最重要的就是通过已经达到独立的成人的指导实现自己的独立，所以，当年轻人从社会的依赖状态中解放出来接受自己的独立指导时，教育过程即告结束。可见，在上述意义上，教育就是人的独立性的"完成"，这种"完成"意味着他"必须独自地完善他自己，必须确定自己是否置身于某些特殊的事情中，必须试图依靠自己的努力解决他那专属于他自己的问题"。[1] 由此，这种"完成"的更恰当表述是人的起点、发端。

人自由的活动必须是自觉性、自主性和自愿性的活动。自觉性是人的活动作为自由活动的首要要求，是自由活动的主体之主体性的主要标志。自觉性以人的自我意识为基础，即个体不仅能自为地意识到和处理同外部世界的关系，而且能自为地对待自己的活动，从而使之从属于自己的目的。

---

① 扈中平. 人是教育的出发点 [J]. 教育研究，1989（8）：8.

自觉性落实到行动上，就表现为活动的自主性。自主性贯穿于一切自由活动的全过程，它既表现为自主地选择活动或设定活动对象、设计活动方式、确定活动目标，又表现为在一定程度上对自己的活动进行自控与校正，从而自己主宰自己的命运，做自己生活的主人。而自觉、自主必然意味着自愿。自愿性表明了自由主体对自己的意志的服从，也就是康德所说的"法由己出""法由己立"。三者是自由主体的不可或缺的重要规定，否定了它们，也就从根本上否定了人的自由存在的可能性。受制于外在压力和生命本能驱使的活动之所以不能被称为自由的活动，深刻的原因就在于，这种活动不具有自觉、自主、自愿的性质和内涵。

教育最后落脚到每个个体每天的自觉，或者说已成习惯的终身自我教育——始于"人是什么"的判断，贯穿着"人如何成为其所是"，止于"人一生的价值"。从某种意义上说，"人之所以是人"是教育及其学术探究的基点，"人如何成为人"是教育的基点、基础和基本问题，也是教育的过程和目的。

至此，关于"人是什么"这个问题仍然没有给出定论，但我们对人的理解大致可以概括为以下三方面。第一，人是一个自为的生命体。自在的生命体是由自然主宰的，自为的生命体是自我主宰的。人，就是主宰自己生命的那个自为主体。这就意味着人是自我创造、自我规定的生命存在，亦即人的自由性。第二，人是超越生命的生命存在。这个超生命的本质，就是指人的社会的、文化的以及事业的创造的本质。人不能没有自然生命，但人不能满足于自然生命，而是要以它为基础去追求更高的超生命的生命本质——真正的人也只是在这里才开始的，人的这种要超越本能生命、需求，创造"永恒"的本性。所以"成为人"就构成人永远追求的目标，成为人性最本质的需要。第三，人就是宇宙生命的人格化身。人把生命变成人的存在和发展的前提，也就赋予了生命以价值的内涵和意义，生命的生存已不再仅仅是为生命本身，而是为创造超生命本质。人通过自己的生命实践活动把宇宙变成了生命的活物，即赋予了自然存在的生命意义。

所以，是不是可以简要地理解为"人是自我主宰的自然生命体""人是不断超越的生命体""人是宇宙生命的人格化身"，其实现的途径则是"实践"。由于人是自然生命体，所以人不能离开自然谈生命的意义；由于人的"超越性"，所以人必然在一定社会生活环境中不断发展和创造，人不是静止的，而是在不断变化的。

第二章 "心育"能做什么
——心育的本质和现状

　　什么是"心"？在英语中，"心"是"heart"，"心理"是"psychology"，"心意"是"will"，"心态"是"attitude"，"心思"是"think"或"thinking"。它们都不具有汉字"心"构词的整体性与统一性。在中文中，"心"是心脏的象形字。《说文解字》中所引用的"心"，仍然保留其原始的象形状态。就心字而言，它至少有三种层次的心理学意义：一是指人的生理与心理，包含了"天之所赋"，包含了个体的生成和发展，乃至人之为人的道理；二是指心理之整体，心被用来表示思想、情感、意识，乃至态度、性格和意志，表示人的灵性、智慧，表示人的心灵与精神世界，所表达的是一种整体性的心理内涵；三是指天地之心，包含或表示一种天下的至理，对世事和宇宙的认识和理解。显然，心是一种整体性的观念，其本身具有一种心理的整合性。我们正是立足于中国特有的文化心理来理解"心理"意涵的。

一、什么是心育

（一）"心育"内涵的多元化

当前在心理教育的理解、界定上存在话语混乱、学科偏见乃至曲解、误解；在心理教育实践中存在诸如医学化、德育化、形式化、功利化、个别化等误区。

什么是心理教育，或者心理教育是什么？这个问题看上去很容易、很简单，实际上却是非常复杂、难以回答的一个问题。一位日本学者曾经说："如果你想要难倒一个哲学家，最好的办法就是问他'什么是哲学'。"意思是说这将使哲学家很难堪，他无法给予你满意的回答。心理教育是什么，心理教育应该是什么，同样是难以回答的"斯芬克斯之谜"。正如古罗马哲学家圣·奥古斯丁论及时间时所说："什么是时间？如果没人问我，我知道它是什么。如果我想对他解释什么是时间，我却不知道了。"心理教育也是如此。其实不问"心理教育是什么"，人们凭经验和常识大体也知道心理教育是什么，但要从理论上回答"心理教育是什么""心理教育应该是什么"，倒是一个不小的难题。然而，对于心理教育理论建设与实践探索来说，这些本体问题又是不可回避的。

心理教育一词在《辞海》中的解释是"以培养心理素质和解决心理问题为基本目标的教育。包括心理培养、心理训练、心理辅导、心理咨询、心理治疗等。有两种形式：一是积极的心理教育，指培养心理素质，促进身心健康，是占主要地位的形式；二是消极的心理教育，指解决心理问题，保持身心健康，是占辅助地位的形式。其主要任务是：解决心理失常、心理障碍等心理问题，防止心理变态、精神病等心理问题的产生"。这一表述既给心理教育下了简明的定义，提出了心理教育的目的与任务，又指出了开展这种教育的两种基本形式，还透露出了把心理教育、心理健康教育与心理素质教育三者视为一体的信息。

（二）我国教育界关于"心育"的认识的发展

经过多年的实践探索和理论磨合，我国学者对心理教育内涵的认识已渐趋一致，其共同的核心旨趣就是着眼于有意识、有目的地促进人的心理发展，关注和建构人的心理生活，发展和提升人的心理素质。但大多数人会将"心育"和"心理健康教育"混为一谈，认为"心育"就是心理健康教育；也有很多人将"心育"与"德育"混淆，认为德育就是心育。

"心理健康教育"是目前教育界中更受关注的名词，学校学生的心理健康教育在我国较早实施和开展，但发展总体较慢。

教育部颁布的《关于加强中小学心理健康教育的若干意见》中指出："中小学心理健康教育是根据中小学生生理、心理发展特点，运用有关心理教育方法和手段，培养学生良好的心理素质，促进学生身心全面和谐发展和素质全面提高的教育活动，是素质教育的重要组成部分。"2002年，教育部出台《中小学心理健康教育指导纲要》（下文简称《纲要》），时隔十年对《纲要》进行了修订，对各地中小学开展心理健康教育起到了指导和推动作用。

但以上文件均只是提到"心理健康教育"，对于"心理教育"一词，是在1995年原国家教委颁布的《中学德育教学大纲》中提出的，"德育即政治教育、思想教育、道德教育及心理教育"。

二、"心育"的本质是什么

心理学的英文为psychology，来源于希腊神话中的Psyche（希神"普赛克",意为灵魂、心灵、精神、心理）和希腊哲学术语 Logos（罗格斯，意为世界的普遍规律性，宇宙的根本原理及理性、法则等），二者复合而成一学科名称，意为心理规律。心理（psyche）原义既不是人脑（brain）也不是自我（ego），更不是中文的心（heart），或我们用以和物质相对的精神或意识（mind 或 consciousness），而是指人的灵魂（soul），故心理学乃是灵魂的逻辑学（logic）或灵魂之学。

斯宾塞曾说："真正的教育只有真正的哲学家才能实施。"这并不是说哲学知道教育目标、教育内容的具体答案，哲学是研究世界总体的，它着眼于世界的统一性及其规律；另外，哲学是关于人生的终极关怀的学问，是对人生的价值和意义的不断追问，是对真与善、爱与美的智慧的永远追求。马克思认为哲学是"思想的闪电"，是解放人的精神武器，是医治社会精神疾病的一剂良药。

哲学与心理学的关系密切。从笛卡尔的"我思故我在"到马克思的"自由的人""有个性的人""人的全面解放"，其根本主题是"人"，目的是"人"，"哲学"则是人自我理解、自我反思、自我意识的特殊理论形态。只要人存在一天，只要人仍在寻求自我理解、自我认识，人类就永远需要哲学，哲学就会显现其永不消失的魅力与存在理由。如果不理解哲学，不从哲学的视野来认识心理教育，就不可能真正用历史的角度来理解心理教育。

因此，心育本质上就是育"人"，心理教育是教育的形式和延伸，它的起点是"人"，终点也是"人"。人是什么？目前并没有一个确切的答案，也可能根本就没有答案，因为人是在不断发展的。心理教育的研究和实践有助于对人的认识，也发展了哲学对人的理解，但真正回答"心育是什么"这一哲学问题，可能和"人是什么"这个话题属于同一个问题，这个问题的答案仍有待探索。如同海德格尔眼中的"此在"，对于"此在"，一切"是什么"的发问方式都不适合它，心理教育的未来性，心理教育的"为我属性",决定了对心理教育的发问只能采用"应该怎样"(包括"应该是什么")的方式。

三、为什么要开展心理教育

从人发展的角度看,心理教育是教育人成为人的一个必不可少的环节。目前学校关于"心育"的理论和实施并不系统,但人们越来越意识到在当前教育体制之下,对孩子的培养,在成为"人"的道理上存在越来越突出的问题。这些问题的出现促使了社会各界对教育目标、教育改革的大讨论。有人提出了"素质教育"。那么素质又是什么素质呢?有很多种素质,譬如自然素质、心理素质和社会素质。

自然素质即先天遗传的生理素质,例如神经系统、身高、体重、骨骼的特点,以及运动素质、负荷限度、适应和抵抗能力等生理机能的特征。这是一个人身心发展的物质基础,为人的身心发展提供极大的可能性。心理素质是人的整体素质的组成部分,是以自然素质为基础,在后天环境、教育、实践活动等因素的影响下逐步发生、发展起来的。心理素质是人的身体、心理和社会素质的统一,是先天因素与后天因素的"合金"。简单地说,心理素质是以生理素质为基础,在实践活动中通过主体与客体的相互作用,而逐步发展和形成的心理潜能、能力、特点、品质与行为的综合。心理素质包括情感、信心、意志力和韧性等。一个人的心理素质是在先天素质的基础上,经过后天环境与教育的影响而逐步形成的。心理素质包括人的认识能力、情绪和情感品质、意志品质、气质和性格等个性品质诸方面。心理是人的生理结构特别是大脑结构的特殊机能,是对客观现实的反映。社会素质是人的整体素质的组成部分,是组成这个社会的人群的普遍的修养程度、进步程度、文明程度、道德程度,以及精神状态的总和,反映这个社会的发育程度和现代化程度。

上面提到的诸多素质，哪些素质对学生的发展至关重要呢？对于"核心素养"的讨论应运而生。"核心素养"是什么呢？2016 年，中国学生发展核心素养以培养"全面发展的人"为核心，分为文化基础、自主发展、社会参与三个方面，综合表现为人文底蕴、科学精神、学会学习、健康生活、责任担当、实践创新等六大素养，具体细化为国家认同等 18 个基本要点。

走在了素质教育的道路上，教育真的让孩子们获得素质了吗？似乎"越强调心育，学生的问题越多"，带着这种观点的家长和老师都不在少数。这蕴含了多重信息：第一，在他们看来，心理教育并不必要；第二，心理教育阻碍学生的素质发展。这些看法后面同样蕴含着几重信息：第一，他们对基本心理素质和心理问题缺乏常识性了解；第二，他们并不清楚是什么导致了学生心理问题的产生；第三，他们认为看不见学生内心的问题就等同于学生没有心理问题。部分教师尚有此误解，由此可见，心理知识在社会中的普及程度很低，人们对心理知识的了解太少。

在实施心理健康教育的人员中也有不同的态度。比如，有人认为现在有心理问题的青少年学生人数越来越多，问题越来越严重，层出不穷，直接影响到学校教育教学的质量和秩序。有了心理教育，学生的心理问题少了，学校领导和教师的日子就好过多了。这是一种把心理教育当作"灭火器"的观点。也有人认为传统的德育工作已经过时，失去了吸引力，难以取得实效。实施心理教育，是对原有德育的一种改进和变革。心理教育成为不少学校德育的一大特色和亮丽的风景线，是推进德育现代化的一个新抓手。这是一种视心理教育为德育改革"氧气瓶"的观点。有人提出，心理教育之所以必要，那是因为现在的应试教育大行其道，青少年学生处于"水深火热"之中，素质教育徒有虚名，教育已经走进了"死胡同"。对当今的教育改革发展和素质教育的深化推进来讲，心理教育无疑是一种有效的"催化剂"和"解毒剂"。这是一种把心理教育当作教育改革发展的"助推器"的观点。有人提出，心理教育之所以必要，那是因为现在的教育行政部门比较重视，各项检查评比、达标验收都有这一条，实行的是"一票否决"，学校要争先创优上台阶，不搞心理教育通不过，总不能因小失大，即使不认可也要做出点像样的。这倒是一部分学校领导的心里话、大实话。这是一种把心理教育当作粉饰教育大厦的"墙面砖"的观点。

人类已进入一个全新的时代，这不仅仅是字面意义上的 21 世纪，而是每一个人都能体验到一种全新的价值理念和生存方式，当今这一时代巨变对人心理的冲击和震撼是以往任何一个时代所没有的。当今社会科技发展突飞猛进，社会生活丰富多彩，生存竞争激烈异常，价值体系杂乱迷惘，还有生态、能源、环境、人口等诸多问题，严峻的生存现实导致许多人心理的脆化和畸变。对人心理的关注和呵护已经成为令人瞩目的热点问题，这也是一个非常现实的教育问题。传统教育较少关注人的心理及其心理教育问题，当今教育则无法回避来自现实的挑战，培育心理健康、向上、成熟、完满的新人已成为时代教育的主题，也是心理教育得以产生、发展、壮大的动力源泉。

珍视人的价值的呼声也日渐高涨，更为重要的是现代人已置身于日益复杂的社会情境中，人们需要心理教育，以开发心理潜能，消除社会适应中的心理问题，从而更好地生存发展。这对成长发展中的青年一代更显重要，通过心理教育可促进其心理机能的改善与提高，使低智者增智、高能者更能，使人的情感更丰富、人格更完满，促使人不断成长，不断追寻人的价值，从而使人生富有意义。总之，心理教育有助于人发挥心理潜能、改善心理机能，它贯穿于人的自然成长和精神成长的全过程，是每一个个体生命的内在呼唤。

心理教育在当前发展阶段确实存在诸多问题，各个层次的实施初衷也各不相同，但心理教育越来越被重视，它的本质、内容、方法和途径也在不断的探索中逐渐发展和完善，目前这已经是不争的事实。

四、"心理教育"育什么

生命哲学认为，每一个生命体都蕴含着生命发展成长的所有潜能，但人的潜能的发掘与价值的实现不是自发完成的，是需要精心培育的。正如心理学家弗洛姆所言："如果我们说，种子现在已潜伏着树木的存在，那么，这并不意味着每一粒种子势必会长成一棵树。潜能的实现有赖于一定的条件，例如，在种子这种情况下，条件就是适当的土壤、水分、阳光等。"①

心理教育势在必行，那么实施心理教育，达到心理教育的目的需要有怎样的"土壤、水分和阳光"呢？这个问题主要关于"心理教育"的内容，并且带来另一个问题："如何进行心理教育"。

目前，这个问题并没有明确的答案。

在《辞海》中，心理教育被解释为"以培养心理素质和解决心理问题为基本目标的教育，包括心理培养、心理咨询、心理治疗等等"。

但随着认知和社会的发展，显然这种解释并不能满足社会对心理教育的需求。不同的学科对心理教育有不同的阐释。

（一）哲学：心理教育应塑造新的时代精神，并注重个体性发展

哲学从人的本体论出发，人要获得做人的价值和社会价值，具有存在

---

① ［美］艾里希·弗洛姆，埃里希·弗洛姆. 爱的艺术［M］. 汪雁，译. 上海：上海译文出版社，2018.

的意义，而心理教育则是帮助人获得自身的价值，人的价值越高则心理教育越充分。在前面阐述过，人的价值体现在作为存在的价值和作为社会的价值。

马克思曾经把"任何真正的哲学"比喻为"时代精神的精华"和"文明的活的灵魂"。任何真正的哲学，它的本性都是作为"自己时代精神的精华"，并非仅仅是"反映和表达"时代精神，而且尤为重要的是"塑造和引导"新的时代精神，建构每一个时代"文明的活的灵魂"。而人就其实质而言，是一种精神的存在和发展，在这样一个"'人'的自觉为人的时代"，着眼于对人的本体关怀的心理教育需要为哲学分担这样的使命，也应当着力塑造和引导人的精神生活，把新的时代精神融入现代化的人格建构之中，去铸造现代人的"文明的活的灵魂"。心理教育作为促进人类自身发展的重要手段和工具，在提高人的心理素质的同时，就不能不关注人的主体性的拓展和升华。

从这个角度，心理教育应该引导和塑造新的时代精神并注重人的个体性发展。

（二）心理学：提升健康和心理素质，促进人和社会的发展

心理教育最初是从心理学发展起来的。早在20世纪初，一些儿童教育心理学家、心理治疗家以及行为科学家，就开始重视对学校中的"问题儿童"进行心理辅导，并在此基础上产生了有关健康教育与心理卫生、心理病理以及行为干预等学科。在我国，20世纪80年代初，心理教育最早的表现形式就是以运用心理学的方法与技术为主的心理辅导、心理咨询、心理治疗。

心理教育是当代心理学的一种新的发展，随着心理学逐步成熟，需要全面展现其自身的意义和价值的时候，就逐渐形成了心理教育的范畴

和理念。

在心理学的视野中，认为心理教育应该以对心理学的理解为基础，"它以实现心理学自身的意义和价值为目标，以培养与完善人格，提高人们的心理素质，提高人们的生活质量为目的"[1]，"心理教育是一种心理学的宣传，是一种心理知识的普及，也是一种心理学的实践"[2]。

在心理学家的理解中，心理教育应该是在心理卫生和心理健康基础上的新的发展，同时也应该是心理卫生和健康心理学的有机结合。它是在新的社会发展时期，适应新的社会发展和人们生活的需要，引导人追求幸福生活的一种实践活动，是对心理素质和心理品质的培养，对心理卫生和心理健康的维护，对个人以及社会生活质量的关注和促进。

随着对心理教育认识的深化，越来越多的教育工作者认识到心理教育的对象应是全体学生，心理教育应为每一个学生的成长发展服务。因此，在心理教育策略上，人们的教育共识是要体现面向全体、发展优先、预防为主、防重于治，即心理教育工作应首先着眼于发展全体学生良好的心理素质，注重维护与促进学生的心理健康。

（三）教育学：心理教育是教育的组成部分，通过教育、辅导、咨询治疗实现对人的关怀和价值实现

教育学是心理教育的基本理论支柱之一。从教育的本质来看，教育是促进人的发展的活动，因此从教育学的视野看，心理教育是在教育过程中体现教育的本质，也就是促进人的发展。

概括地讲，心理教育来源于教育改革和教育实践，是当代教育的一种

---

① 张守臣. 心理教育论［M］. 北京：高等教育出版社，2002.

② 张守臣. 心理教育论［M］. 北京：高等教育出版社，2002.

新发展，具有教育共有的结构，即心理教育是教育的一个侧面、一个部分。

从发展起源上讲，在教育学家看来，心理教育来源于教育学。早在1803年，康德在《教育论》一书中就专设"第四章心理之训育"来探讨心理方面的教育。在西方国家，由于儿童心理学的发展，特别是在皮亚杰和瓦隆的"发展心理学"的强大影响下，"教育学"一词获得了新的然而却被认为古怪的形式——"心理—教育学"。这个概念曾一度十分流行，波及英美国家的教育学界。在20世纪五六十年代，法国大学甚至开设了"心理—教育学"专业。

归于教育学范畴的心理教育分为教育、辅导、咨询、治疗四个层次。从价值取向上讲，心理教育是主动的、积极的、发展性的心理教育，主要的服务对象是大多数心理健康的人。它属于具有现代教育精神的教育范畴。这里所讲的现代教育精神，实际上是指心理教育对人的心理关怀，关注人的心理发展，发挥人的心理潜能，体现人的心理价值。

班华教授在其《心育论》中提道："心理教育，是有目的地培养受教育者良好的心理素质，提高其心理机能，充分发挥其心理潜能，进而促进整体素质提高和个性发展的教育。"因心理教育的外延很宽，通常所说的诸如兴趣培养、思维训练、能力培养、潜能开发、创造教育、意志锻炼、性格优化、情感培养、社会适应性培养等都属于心理教育，都是心理教育的组成部分。

从上述内容大致可知，对于心理教育的具体内容没有明确的论述，不同的学科对心理教育有不同的理解，但总体而言，心理教育作为教育的一部分，在教育过程中促进人的发展的根本宗旨在各个学科中均是一致的。

在学校教育中，尤其是在中小学教育中，最主要的教育形式为心理健康教育，其目标定位为提高全体学生的心理素质，培养他们积极乐观、健康向上的心理品质，充分开发他们的心理潜能，促进学生身心和谐可持续发展，为他们健康成长和幸福生活奠定基础。心理健康教育的主要内容包括：普及心理健康知识，树立心理健康意识，了解心理调节方法，认识心理异常现象，掌握心理保健常识和技能。其重点是认识自我、学会学习、人际交往、情绪调适、升学择业以及生活和社会适应等方面的内容。

2002 年教育部印发的《纲要》对各地中小学开展心理健康教育起到了指导和推动作用。2012 年，教育部在认真总结各地心理健康教育工作经验的基础上，对《纲要》进行了修订完善，提出应从不同地区的实际和不同年龄阶段学生的身心发展特点出发，做到循序渐进，设置分阶段的具体教育内容。

五、当前"心育"的误区与困境

进入 21 世纪，我国心理教育事业发展很快，广大教育工作者对心理教育的认识水平普遍提高，开展心理教育的热情空前高涨。尤其是在 2020 年以后，新冠肺炎疫情带来的问题再次将"心理健康"推到时代浪尖，人们愈发认识到心理教育的重要性，但在关乎儿童发展的现实学校教育中，仍然面临许多问题。在整个基础教育生态中，关于学科教育、素质教育、心理教育众说纷纭，教育工作者如何在学生的培养中落实心理教育仍然存有疑惑。

（一）心理教育的定位：独立存在还是依附存在

如何认识心理教育在素质教育或者全面发展教育中的地位，这是一个颇有争议的问题。关于心理教育与"五育"的关系，国内主要有三种说法：一是同意王国维的观点，认为心理教育是智育、德育、美育的上位概念，心理教育包括智育、德育、美育；二是主张心理教育是全面发展教育的一个组成因素，成为全面发展教育的第六种因素或途径；三是认为心理教育是广义德育的一个组成要素，即广义德育由政治教育、思想教育、道德教育（狭义）、心理教育四个方面组成。心理教育的定位问题，影响到心理教育的组织实施。但也不是说，心理教育只要"独立"了，其地位就提高了，其课程资源、教师、激励政策等实施就有保障了。对这个问题的认识，可以有不同的处理方法。

（二）心理教育的两重性："万能"与"无能"

心理教育不是万能的，这是不说自明的命题。在对待心理教育的作用上，不少人还是存在着过高的期望，尽管这种期望是可以理解的，但理智地讲，又是不切实际的。人们希望心理教育成为解除应试教育顽症的一剂"猛药"，希望它成为实施素质教育的"先锋"。但在实际中存在着"轰轰烈烈喊素质教育，扎扎实实抓应试教育"等自相矛盾的做法。很多时候，心理教育成了教育的"塑料花瓶"，成了一种时髦的"教育口号"，需要时拿出来摆设一下、装饰一下。正如有的心理教育老师所讲："在许多学校，心理教育是说起来重要，做起来次要，忙起来不要，出事了急要。"有的教师把心理教育形象地比作学校的一把"雨伞"，晴天不需要时收起来，把它靠边放，一旦天气不好了就拿它出来遮风挡雨。

虽说心理教育是素质教育的一个重要方面或组成部分，也时常有"愉快教育模式""尝试教育模式""挫折教育模式""和谐教育模式""主体性教育模式""情境教育模式"等见诸报端，但深入基础教育第一线，就不难发现教育实践的无奈与矛盾。总体而言，当前我国许多中小学校采取的都是应试教育与素质教育"两手抓，两手都要硬"的做法。于是就出现了一种"两育并举"的怪现象：上午应试教育，下午素质教育；课内应试教育，课外素质教育；一般学校素质教育，重点学校应试教育；白天学校素质教育，晚上家里应试教育；等等。我们的学校教育出现了史无前例的悖论与尴尬。正如有的家长和老师所言，"心理教育再好，遇到中考、高考也得无条件地让路"，"社会、家长乃至学生要的是实实在在的分数，心理素质再好，上不了重点中学、大学也是白搭"。坦率地讲，面对当今学校素质教育的现状，心理教育面临着很多的尴尬与艰难。

日趋普遍的学历主义、日益严重的升学压力和日益增多的考试，使得学生"人在学海，身不由己"，迷失了前进的道路和发展的方向。尤其是"应试教育"这样一种急功近利的教育模式，使得教育目标狭隘，教育过程僵化，造成学生的片面发展和个性贫乏，使得学生的身心健康状况每况愈下。若是不进行教育改革，心理教育的实施就会"鸡蛋碰石头"，"胳膊扭不过大腿"，到头来是事倍功半，出力不得好，心理教育只能"在荒野上哭泣"。

任何一种教育都有它的两重性，心理教育也不例外。"教育既有培养创造精神的力量，也有压抑创造精神的力量。教育在这个范围内有它复杂的任务。这些任务有：保持一个人的首创精神和创造力量而不放弃把他放在真实生活中的需要；传递文化而不用现成的模式去压抑他；鼓励他发挥他的天才、能力和个人的表达方式，而不助长他的个人主义；密切注意每一个人的独特性，而不忽视创造也是一种集体活动。认清这些任务乃是现代心理教育学研究最重要的智力成就之一。"①

心理教育自身所有的局限性，说明它不可能是解决教育问题或包治教育"病症"的"灵丹妙药"。理解和把握心理教育的学科限度，能有效地消解当前教育界时刻涌动着的乌托邦思想和乌托邦行为，防止把心理教育的知识和科学变成一种教条，并以此为名去实施一场新的以教育解放为名的教育奴役运动。

---

① 崔景贵. 心理教育范式论纲［M］. 北京：社会文献出版社，2007.

（三）心理教育功能：以预防为主还是以发展为主

心理教育的功能是心理教育的价值所在，它随着人们对心理教育内涵的认识和实践的发展而发展，主要表现在发展性、预防性和矫治性三个方面。在实际的心理教育过程中，这三方面常常交织在一起，很难把它们截然分开，从而构成了一个完整的心理教育功能体系。但在认识心理教育的功能上，有人强调心理教育的预防性功能，有人强调心理教育的发展性功能。按理说，预防与发展并不矛盾，这是相辅相成的两个方面。有效的预防能有利于发展，积极的发展能从根本上保证预防。人们已经形成了初步的共识：发展是心理教育的根本性功能。发展性心理教育在整个心理教育中处于基础地位，是心理教育的重点。

（四）心理教育的实施：专业人员与兼职人员

有人认为，心理教育科学性强，专业操作要求高，只有接受过专门训练的、取得资格证书的专业工作者才能胜任，必须坚决杜绝非专业人员从事这项专业性极强而又非常严肃的工作。的确，我国心理教育的质量水平取决于工作队伍的整体素质，心理教育的顺利实施除了要有政策保障和理论指导之外，还必须有素质过硬的专兼职教师队伍来从事这项工作。联合国教科文组织曾提出心理教育工作者应具有资格的三条最基本要求：第一，获得教师的专业资格；第二，至少有五年教学经验；第三，接受过大学的高级心理学训练。在西方发达国家，只有获得了特定文凭或专业资格证书者，才能从事心理教育（主要是心理咨询）工作。但我国心理教育工作起步较晚，专业人员极少，要求所有教师全部持证上岗还不可能，也不符合我国心理教育的现实情况。

在这方面，有些中小学校正在进行校本全员心理教育师资培训的尝试，倡导广大教师向书本学习、在实践中提高，完善从事心理教育工作的素质，值得推广和借鉴。我们的基本理念是，"心理育人，人人有责"，这应当成为也能够成为我国大中小学校所有教师的教育共识和共同行动。从目前实际情况看，国家及省市教育行政部门已经开始重视心理教育师资培养、培训工作，正在推（试）行资格认定制度，通过落实编制、职称评定、规范管理等举措来加强师资队伍建设。可以预见，心理教育素养势必成为未来我国大中小学校教师共同的职业基本素养，建设一支素质优良，专职为主，专兼结合，全体教师共同参与的心理教育师资队伍在并不久远的将来会成为现实。

理性地审视当前我国心理教育的现状，有关心理教育的种种认识与实践误区并不少见，远不止本文所述及的。而心理教育诸多误区所蕴涵的问题也颇为复杂，非只言片语所能透析。所有这些误区都可以归结为一个最大的实质性的"误区"，就是当前我国心理教育存在的形式化、功利化、简单化倾向。产生这些误区最主要的原因，就在于我们对心理教育本质的认识和把握还是定义不清、定名不妥、定位不准、定性不当、定向不明。显然，限于篇幅，这里也只是就目前我国心理教育存在的主要误区做出理性分析和澄清，以防止心理教育的本质被曲解和"异化"，从而导引我国心理教育矫正偏差，走出误区，真正走向规范、走向成熟、走向科学。

第三章 立德树人
——学校德育现状与困境

　　立德树人的意思是培养有品德的人才。立德，就是坚持德育为先，通过正面教育来引导人、感化人、激励人；树人，就是坚持以人为本，通过合适的教育来塑造人、改变人、发展人。德是做人的根本，是一个人成长的根基。在当前开放多元的国际环境中，青少年学生又正处在世界观、人生观、价值观形成的关键时期，道德教育对于青少年成为什么样的人有直接影响。

一、德育溯源

　　在哲学溯源上，"德育"比"心育"的历史要久远得多。德国哲学家康德就把遵从道德法则培养自由人的教育称为"moralische Erziehung"（道德教育，简称德育）或"practische Eriehung"（实践教育）。与康德同时代的裴斯泰洛齐（J. Pestalozzi）似乎也使用过"德育"（道德教育）一词，表明西方社会于18世纪后半叶已经形成"德育"这一概念。而使之风靡全球者，当是英国学者斯宾塞（H.Spencer）。他在《教育论》（1860 年）一书中，把教育明确划分为"智育"（nelletual education）、"德育"（moral education）、"体育"（physical education）。从此，"德育"逐渐成为教育世界中的一个基本概念和常用术语。

道德教育的历史源远流长，无论中西，从古代开始即有明确的道德教育。

（一）社会德育

我国古代就以"道德"囊括社会意识，由于社会意识形态分化不充分，至今保留着诸如"政治伦理化""伦理政治化"之类的传统，所以，仍能以"德育"包容整个社会意识形态的教育。但在不同的形势下所界定的"德育"并不完全相同。

1. 从"德育即政治教育"到"德育即思想政治教育"

受政治斗争的影响，"德育即政治教育"的观念曾经长期流行，甚至连"德育"概念也被"政治教育"替代，几乎销声匿迹。20 世纪 80 年代，经历了一个从"德育即政治教育"到"德育即思想政治教育"的转变。作为世界观人生观的思想教育从政治教育中分化出来，成为德育的一个相对独立的组成部分，且地位不断上升。

2. 从"德育即思想品德和政治教育"到"德育即思想、政治和品德教育"

1988—1995 年，关于德育概念的界定有了新的变化。《中共中央关于改革和加强中小学德育工作的通知》（1988 年 12 月 25 日）强调"德育即思想品德和政治教育"，《中国教育改革和发展纲要》（1993 年 2 月）提出"德育即思想政治和品德教育"，《中国普通高等学校德育大纲（试行）》（1995 年 11 月）申明"德育即思想、政治和品德教育"。从德育定义的细微变化中，可以看到品德教育（道德教育）地位在不断提高，它从思想教育中逐渐分离出来，成为德育又一相对独立的组成部分。

3. 从"德育即社会意识教育"到"德育即社会意识与个性心理教育"

与此同时，日常行为规范养成教育、文明礼貌教育、纪律教育、法治教育、环境教育、人口教育、劳动教育、社会实践教育、国防教育、青春期教育、学风教育、审美教育、理想教育等，纷纷列入各级学校德育大纲，德育外延迅速膨大，几乎涵盖了社会意识形态的所有内容。

（二）学校德育

1. 大德育

可以说，我国目前的德育是一种涵盖整个社会意识形态的"大德育"。与其称之为"德育"，不如称之为"社会意识教育"。1995 年以来，德育的定义又有新的变化。《中学德育大纲》（1995 年 2 月 27 日）指出"德育即对学生进行思想、政治、道德和心理品质教育"，《中小学德育工作规程》（1998 年 3 月）规定"德育即对学生进行政治、思想、道德和心理品质教育"。随着个性心理品质教育或心理健康教育，作为一项独立内容，正式列入各级学校德育大纲，如今我国学校德育的外延其实已经超越了"社会意识教育"的范围。

"大德育"颇具特色，但基本的格局，依然是政治教育、思想教育、道德教育三大板块。"道德教育"是"形成人们一定道德意识与道德行为的教育"，"思想教育"是"形成一定世界观、人生观的教育"，"政治教育"是"有目的地形成人们一定的政治观点、信念和政治信仰的教育"。

我国把政治教育、思想教育、道德教育等统称为"德育"，这种约定不是从概念出发，而是从实际出发的。在教育实践中，道德教育、政治教育、思想教育密不可分。学校生活中不存在绝对独立的道德教育，道德教育必然与政治教育、思想教育发生这样或那样的联系，而且没有明确的严格的界线；学校生活中也不存在纯粹的道德教育，道德教育必然渗透着各种思想政治因素。

2. 小德育

在"大德育"的概念框架下讨论和研究德育，存在不少理论上难以解决的问题。这些问题随着学校德育外延的不断膨胀，日益暴露出来。

扩大"德育"的外延，把"政治教育"和"思想教育"等纳入进来，在教育学上似乎不是一个大问题。扩大"道德"的外延，把"政治""法律""世界观人生观"纳入进来，这在伦理学、政治学、法学和哲学上却是一个重大问题。"道德"同"政治""法律""世界观人生观"的差别，远远大于"道德教育"同"政治教育""法治教育""思想教育"的差别。无论在意识形态上还是在政策上，都不允许用"道德"去代替"政治""法律""世界观人生观"，也不允许把"政治""法律""世界观人生观"看成是"道德"的附加成分。

但政治教育、思想教育包容在德育之中，从内容上看，并无大碍；一旦涉及实施的途径和方法，就会发生问题。品德的发展、世界观人生观的形成、政治觉悟的提高，各属于不同层面的问题，其过程与机制相差甚大，不能以一样的手段、方法，通过一样的途径，遵循一样的原则，实施政治教育、思想教育、道德教育。苏联的教育理论在内容上采用广义的"德育"概念，在手段和方法上采用狭义的"德育"概念，是有一定道理的。相对来说，道德教育的研究比较充分，理论建设的成果较多，而思想政治教育理论却几乎还是一片空白。在概念上把"政治教育""思想教育"同"道德教育"混为一谈，不利于思想政治教育的研究和理论建设，也不利于道德教育理论的进一步发展。

现行的思想政治教育的理论，大多数是从道德教育理论中搬运过来或演绎过来的，并不十分切合思想政治教育的实际。从理论建设的需要出发，有必要把"道德教育""政治教育""思想教育"这三个概念相对区分开来。

世界上多数国家使用的是"小德育"概念，其所谓"德育"是与"政治教育""思想教育"并行的"道德教育"。它们分别以"政治教育""思想教育""道德教育"为研究对象，所形成的"德育理论"是"道德教育理论"。

二、德育育什么

在道德哲学的发展史上，其核心仍然是关于"人"的观点，西方现代道德哲学关心的是"我应该做什么"，它更强调的是道德规则（道德责任）而不是道德品格。康德把道德理解为人的自由，也就是人的意志自律。"唯有道德的自由才使人类真正成为自己的主人；因为仅只有嗜欲的冲动便是奴隶状态，而唯有服从人们自己为自己所规定的法律，才是自由。"[①] 反之，"取消了自己意志的一切自由，也就是取消了自己行为的一切道德性"。然而，随着犹太 – 基督教传统在西方世界的兴起，道德的根源被放置在由上帝制定的法则（divine law）的思想中。结果"我应该如何生活？"这个基本的问题就被转变为另一个面目全非的问题："我应该如何行动？"而对后面这个问题的回答往往是按照义务的语言来提出的。这样一来，道德生活不再被看作是从内部来的，而是人类被要求履行那些好像是从外部施加给他们的道德责任。道德被重塑为一个与法律相类似的规则系统，那个系统约束人们履行或者不履行某些行动。因此，从现在角度来看，道德在某种程度上是规定了人的行为和方式。道德教育就是让人习得符合人的发展规律、社会发展规律的行为规范和行为方式。德育的具体内容呈现出历史变化。

---

① ［德］康德. 道德形而上学原理［M］. 苗力田，译. 上海：上海人民出版社，1986.

（一）古代德育内容

古代德育的内容，主要是一些调节人与人之间关系简单的行为规范。这些私人生活的道德规范，又以家庭伦理为基础和核心。以我国为例，古代习俗道德强调的是上慈下孝、敬兄友弟、朋友有信、忠君等，慈、孝、悌、友、信、忠也就成了基本的德目。其中多系家庭伦理，少数属于朋友关系和君臣关系的规范。这是因为，一方面，古人的生活虽有一小部分属于国家生活，但以家庭生活为主。因此，家庭伦理相对发达，而且成为德育的主要内容。另一方面，古人认为家庭是私人生活和国家生活的道德基础，"家"是一个小"国"，"国"是一个大"家"，因此，家庭伦理可以直接衍生出私德和国民公德规范，"内圣"之道可以直接推出"外王"之道。

（二）现代德育内容

《中共中央关于加强社会主义精神文明建设若干重大问题的决议》（1996年10月10日）强调："大力加强社会主义道德建设，大力倡导文明礼貌、爱护公物、保护环境、遵纪守法的社会公德，大力倡导爱岗敬业、诚实守信、办事公道、服务群众、奉献社会的职业道德，大力倡导尊老爱幼、男女平等、夫妻和睦、勤俭持家、邻里团结的家庭美德。"这是对我国现时期的社会公德、职业道德、私德建设的基本要求，也是当前我国学校德育的基本内容。

1.私德

简而言之，私德是私人生活中的道德规范，指个人品德、修养、作风、习惯以及个人私生活中处理爱情、婚姻、家庭问题及邻里关系的道德规范。私德通常以家庭美德为核心。

学校中的私德教育，在于培养学生的私人生活的道德意识，养成其在私人生活中与他人交往的道德行为习惯，特别是在恋爱、婚姻、家庭生活中的道德行为习惯，如相互尊重、相互体谅、相互关心、诚实、忠信、上慈下孝（敬老爱幼）等。

2. 公德

公德是国家及社会公共生活中的道德规范，即通常所谓国民公德与社会公德；职业道德是职业生活中的道德规范。

学校中的公德教育，在于培养学生的国民公德及社会公德意识，养成其符合国民公德、社会公德的行为习惯，如遵守社会公共秩序、文明礼貌、讲究公共卫生、爱护公共财物、保护环境、救死扶伤、见义勇为、维护民族尊严和民族团结、维护国家安全等。

（三）中小学学校德育内容

在学校德育中，教育部陆续颁布了德育大纲或纲要，如《小学德育纲要（试行草案）》（1988 年 7 月）、《中学德育大纲（试行草案）》（1988 年 8 月）、《小学德育纲要》（1993 年 3 月）、《中学德育大纲》（1995 年 2 月）、《中国普通高等学校德育大纲》。

2017 年 8 月 17 日教育部发布的文件《中小学德育工作指南》（教基〔2017〕8 号）是指导中小学德育工作的规范性文件。该指导纲要提出，"培养学生爱党爱国爱人民，增强国家意识和社会责任意识，教育学生理解、认同和拥护国家政治制度，了解中华优秀传统文化和革命文化、社会主义先进文化，增强中国特色社会主义道路自信、理论自信、制度自信、文化自信，引导学生准确理解和把握社会主义核心价值观的深刻内涵和实践要求，养成良好政治素质、道德品质、法治意识和行为习惯，形成积极健康的人格和良好心理品质，促进学生核心素养提升和全面发展，为学生一生成长奠定坚实的思想基础"。在具体内容上包括：理想信念教育、社会主义核心价值观教育、中华优秀传统文化教育、生态文明教育和心理健康教育。

作为普适性的指导文件，最新的中小学生德育工作指南在一定程度上体现了大德育观念。但也有部分地区在制定区域性德育工作指南时，小德育观念体现更强，更有特色且人性化。例如，2011年颁布的《北京市中小学德育指导纲要》中，其目标明确为"以人为本，加强对中小学生社会主义核心价值观引导和公民意识教育，树立社会主义民主法治、自由平等、公平正义理念，把学生培养成为德智体美全面发展的人、社会主义合格公民、建设者和接班人。注重个人价值、权利与社会责任、义务的平衡，把人的社会化进程与社会关系对人的内化过程统一起来，体现个人本位与社会本位的辩证统一"。在内容上包括"自我发展、我与他人、我与社会、我与环境"，尤其注重培养学生处理与自己、他人、社会和环境的意识观念和能力。

三、学校德育偏倚与危机

（一）德育中的"无人"和"有人"教育的偏倚

1. "无人"的德育

在古代中国，德育既包括道德教育，也包括伦理教育，但更侧重于伦理教育：修身是为了齐家、治国、平天下，德育的最终目标是明人伦、敦风化俗。中华人民共和国成立至改革开放前，伦理与政治直接统一，每个人都是"单位"中的一分子，每个人的道德观都必须是符合单位要求的伦理观，国家和社会实施的德育主要是伦理教育。在这种伦理教育中，个人并不具有道德自由权，个人的道德行为基本上就是社会倡导的伦理行为。在这种情况下，个人的主体性和主动性并未得到充分尊重，所以有人说这是一种"无人"的教育（冯建军，2009）。

"无人"的德育过分强调个体对社会群体的归从，忽视个体的内在需求和感受，抹杀了个性，无从谈论人的自由，更无从实现人的解放并最终成为"人"。

2."有人"的德育

改革开放之后，中国的市场经济催生了市民社会，在这种个人利益趋于主导的社会中，个人开始主动或被动地质疑传统伦理要求，主动追求个人权益，如此，传统的伦理要求逐渐失效，个人主体性甚至道德主体性开始觉醒。

鲁洁（2010）在阐述其主张的生活德育论时指出，"回归生活的德育要回归于人自身，而生活则是建立在实践基础之上的人之特殊生命活动"，生活德育"所指向的是更有利于人之生成和发展的好生活"。朱小蔓（1995）在论述其情感德育时说，情感教育的主要价值在于促使学生个性和谐发展。冯建军（2006）在论述生命化德育时表示，生命化德育以生命尊重为前提，以使人的生命完善为最终目的。甚至，在论述公民德育价值时，学者也主要是从使个体成为主体，获得自由和解放的角度进行论述的。由此，社会日益被理解为个人通过契约达成的集合体：社会存在的主要价值在于为个人追求美好生活创造条件。正是基于这种理解，那些看起来非常强调德育社会意义和价值的学者，实际上更在意的是德育的人的发展价值。促进人的发展已经被普遍认为是教育（包括德育）的本体价值，其他价值被视为教育（包括德育）的工具价值。

批判"无人道德教育"，过于强调个人价值的道德教育，弱化个人的社会价值性，带来自我利益的膨胀，个体间的过度竞争和集体主义精神缺失，同样也难以成为"人"。

（二）学校德育危机

1. 德育目的功利性

教育功利性强调教育的实用主义，过分强调知识对个人成长的重要性，而忽视情感人文因素对人的影响。在德育过程中，存在选择性地培养道德理想，这种观念指导下的教育必然沦为人们实现个人欲望和目的的工具和手段。所以，在此背景下德育就不再讨论和关注理想、价值，而是关注德育课程是否过关，能不能通过检查。

功利主义教育强调教育内容的实用性，不关注理想、价值等，这使学校的培养目标和课程设置也变得实用，对如何有效引导、教育学生养成良好品德、追求高尚等精神培育的考虑不足。

2. 德育方法简单化

课程是学校对学生进行道德教育的最重要形式。中小学的德育课程主要是指"道德与法治"。传统讲授型德育化模式，教学形式单一，教师为中心，没有充分考虑个体差异，均带来学校德育工作的低效率。

在传统的教学模式中，以书本为中心，以教师为中心，学生很少表达自己的想法和情感，较少质疑教师，也不会提出较多的问题，以为在课堂上学到了大量知识就会解决所有问题。当他们步入社会才发现，课堂上教师讲授的书本知识与社会现实反差较大，书本知识不能解释他们在社会生活中遇到的各种道德问题。这种忽视实践与社会现实的传统德育导致理论与实践的脱节，德育效果较差。

部分教师按照大纲要求，向学生灌输偏重社会需要和社会价值的道德知识，以为就可以培养有道德的人。这违背了因人而异、因材施教的教育原则，传统德育的单调性与现实个体道德养成的内在规律发生冲突，造成德育低效。

3. 德育生态未能有效建立

传统的德育认为德育的主阵地是课堂，主要责任人是德育教师队伍，忽视了德育环境中各种资源的整体联动，如管理服务部门的协同、课外实践活动的体验、家庭社会的配合、校园文化和社会文化的浸润等，都与德育效果密切相关。显然，德育资源分散无法形成德育合力，也就无法提高德育实效。

4. 新媒体的冲击

新媒体对于"边界"的消解，其实质在于打破了传统的文化"垄断"，或者是冲击了传统媒体时代中小学校德育主流意识，使得我们面临着多元文化与大众文化的冲击。中小学生恰好处于青春期，青春期的学生本身有其自身的特点，自我意识觉醒，追求独立，比较叛逆。在心理上，更喜欢挑战权威，唯我独尊。新媒体的发展使广大学生有了发表自己言论的机会，学校不再是传统上的"霸权"，特别是学校德育中的信息的公信度遭到普遍怀疑，这给学校的德育工作带来了很大的冲击和困扰。同时，它也带来了一个很大的问题就是，学生们的人生观价值观在海量信息的冲击下很容易被误导。

问题与危机是人类生活无法完全回避、完全拒绝的一个社会历史现象。但危机中也蕴含转机和生机。于困厄中领悟防危机之"道"，于困厄中探寻止危机之"路"，人类的生机藏匿于每一次的危难之中。

立德树人是教育起点也是教育目标，教育是特定时代的教育，离开时代特点谈教育的理想是空谈，回归时代的特点和生活实际内省求真，才能在超越问题，在危机中生发成长。

第四章 以心育德
——个体道德心理发展的理论基础

道德教育对儿童发展是非常重要的，要想实现对儿童道德品质的教育，首先要理解儿童的道德是如何发展的。

道德品质又称为品德、品性、德性，它是个体在遵守一定的社会道德规范和准则去处理个人与他人、群体和社会之间关系时所表现出来较稳定的心理特征和倾向。品德是一种内隐和稳定的心理倾向或者特征。道德是一种社会现象，而品德是一个个体现象。

对于道德的发展的研究是一个有趣的话题，理解道德的发展有助于深入理解道德行为的发生，揭示儿童道德行为的发展，有助于有针对性地、有效地培养儿童道德品质。

一、品德的心理结构

品德主要是由道德认识、道德情感、道德意志和道德行为四种心理成分构成的，这四种心理成分是互相联系、互相制约、互相促进的，构成一个完整的品德结构，简称为品德的知、情、意、行结构。

（一）道德认识

道德认识是一种对道德规范及其执行意义的认识，是品德形成的基础。道德认识的结果是获得道德观念，形成道德信念。道德认识是个体品德的核心部分。道德观念、道德信念的形成依赖于道德认识。当个体对某一道德准则有了较系统的认识，产生心理认同时，就形成有关的道德观念。当认识继续深入，达到坚信不疑的程度，并能指导自己的行动时，就形成了有关的道德信念。道德信念对行为具有稳定的调节与支配作用，只有道德观念而无道德信念时，就经常会发生诸如明知故犯的错误行为。

（二）道德情感

道德情感是根据社会道德规范评价自己和他人行为时产生的一种情绪体验，是个体品德形成的核心成分。它既可以表现为个体根据道德观念来评价他人或者自己行为时产生的内心体验，也可以表现为在道德观念的支配下采取行动的过程中产生的内心体验。道德情感渗透在人的道德观念和道德行为中。道德情感的内容主要包括爱国主义情感、义务感、责任感、事业感、自尊感和羞耻感。其中，义务感、责任感和羞耻感对于儿童和青少年尤为重要。

道德情感从表现形式上，主要包括以下几点。（1）直觉的道德情感，即由于对某种具体的道德情境的直接感知后迅速发生的情感体验。由于其产生非常迅速，因而当事人往往不能明显意识到这个过程。（2）想象的道德情感，即通过对某种道德形象的想象而发生的情感体验。道德形象之所以能引起人们的情感，是因为它是以社会道德标准的化身而存在的，又具有极大的鲜明性，因而能使人更容易理解道德规范的要求和社会意义，也更容易使人受到感染和激励。（3）伦理道德情感，即以清楚地意识到道德概念、原理和原则为中介的情感体验。它具有清晰的意识性和明确的自觉性，具有较大的概括性和较强的理论性，具有稳定性和深刻性。如爱国主义情感和集体主义情感就属于伦理的道德情感。

（三）道德意志

道德意志是人自觉地调节行为、克服困难实现预定道德目标的心理过程，是调节道德行为的内部力量。这种力量通常表现为在实现道德目标时的积极进取或坚忍自制。道德意志是沟通道德情感和道德行为的桥梁，保证人能够抵御现实中的各种诱惑，不以外界环境为转移，克服困难，坚持到底，最终达到目标，形成道德习惯。自觉性、果断性、坚持性和自制力等良好的道德意志品质，是道德行为的有力保证。

（四）道德行为

道德行为是个体在一定的道德认识指引和道德情感激励下所表现出来的对他人或者社会具有道德意义的行为。它是道德观念和道德情感的外在表现，是衡量品德形成与否的重要标志。道德行为包括道德行为技能和道德行为习惯，评价一个人的品德，主要依据其道德行为。

道德行为形成的初期还不十分稳定，特别是小学生，经常会出现反复，只有经过反复实践形成道德行为习惯，才能说形成了相应的道德行为方式。良好的行为习惯是一个人由不经常的道德行为转化为某种品德的关键因素。良好的道德行为习惯的形成能使品德达到较高的境界。

以上四个成分相互联系，缺一不可，它是品德教育中"晓之以理、动之以情、导之以行、持之以恒"的心理学依据。在品德教育和培养中，四种心理成分应该协调、平衡发展，可以具有多开端性，即从不足的方面培养。

在品德的形成过程中，以上四种心理成分是互相联系、互相制约、互相促进的。在学校教育实践中，道德认识是学生品德形成的开端，是道德情感、道德意志和道德行为产生的基础；道德情感和道德意志是品德形成的中间环节，不仅影响着道德认识的倾向，而且对道德行为可以起到一种激励和定向的作用；道德行为是在道德认识的指导下，在道德情感和道德意志的推动下，通过训练形成起来的，同时它又对巩固和发展道德认识、丰富道德情感起到促进作用。

二、道德发展理论

同样的事件、同样的环境，不同的人会有不同的道德观念，一个人道德价值观受到生物因素、家庭和许多社会文化因素的影响，它取决于一个人的遗传基因如何与环境相互作用。

（一）道德生物学理论

"你为什么是这样的一个人？是什么因素使你变成了现在的你？"对这个问题，相信大多数人会将原因归结于环境和教育。生物学对人类的道德研究就是基于人类利他性的研究，在生物学关于人的道德发展的研究中，很多实验结果证实了遗传因素对个体道德发展的影响，与此同时，这些研究结果也恰好证明了人类以往否认和低估遗传素质的作用的看法是错误的。以下选取几个生物学研究实验，来说明生物学因素影响个体道德发展的事实。

荷兰著名心理学家、动物学家和生态学家德瓦尔（Frans de Waal）通过对黑猩猩社会的观察发现，黑猩猩的社会有着严格的社会规范，它们很小就被强制学习，即使偶尔出错，它们也会受到惩罚，有时甚至会被咬掉一个手指或者脚趾头来作为犯错的代价；它们也有互惠和公平的意识，能记得对自己有过帮助的其他个体，也能对作恶的"坏人"做出惩罚行为以来维护社群的秩序。

此外，其他生物学家像格里芬（Donald Griffin）和古道尔（Jane Goodall），他们对黑猩猩社会关系的观察都有相似的发现。由此，"道德"并非部分人想象的那样为人类所独有，在纷杂的动物世界中，某些动物也会出现"道德"的行为，也会达到人类道德发展的某个水平。

看来，人类与动物在道德能力之间只有程度上的差别，人类与动物在进化史中的联系，造就了人类与动物共同的道德发展基础。

因此，道德生物发生理论学认为道德可能是人类大脑与生俱来的。道德的发展并不是一出生就从空白开始的。我们的基因在很大程度上决定了我们的气质，尽管基因表达可能受到环境的影响。因此，我们的基因组成和我们所经历的环境都将影响我们的整体发展，包括我们的道德发展。但目前我们都一致认识到，遗传物质的转录、翻译和表达会受到环境影响，且作为行为控制中心——大脑，在幼儿发展中具有显著的可塑性。

道德神经生物学在该领域的研究打开了理解道德的生物基础的窗口。道德神经关注规范道德，比如什么事情可以做，什么事情不可以做。当前的研究认为，在人类大脑中可能存在内在的道德网络，这个网络是以腹内侧前额叶皮层（VMPFC）为中心的自动的、情绪介导的道德网络，尤其是在右半球。当它与环境、社会文化学习相互作用时，会导致不同的道德行为准则。

1. 正常人的道德神经活动

大脑功能成像显示，正常人在道德判断或者道德推理任务或者困境中，涉及的主要区域为腹内侧前额叶（vmPFC）和相邻的眶额叶，加上腹外侧皮层（OFC/VL）、杏仁核和背外侧前额叶皮层（DLPFC）。vmPFC 参与了将道德和情感价值赋予社会事件以预测结果，并参与了同理心、动机和归因相关任务。OFC/VL 调节了社交厌恶反应，能根据反馈改变反应，抑制冲动、自动或杏仁核反应。杏仁核位于颞叶前内侧，调节对威胁和厌恶的社会和道德学习的反应。一些功能磁共振成像显示道德相关任务激活如前脑岛后颞沟（PST 的）、前扣带回、颞路口腹侧纹状体和中脑边缘奖励系统、楔前叶和后扣带回等。其他区域，例如皮层下边缘和前颞叶，也会影响道德行为。

vmPFC 被认为是神经系统的核心，右侧 vmPFC 尤为重要。在明确道德判断任务时被激活，尤其是在观看道德冲突的照片时会引发各种道德情绪和情感，例如慈善、公平、内疚。当呈现"个人"道德困境时，vmPFC 被激活，vmPFC 会调节自动的道德和"亲社会"反应，例如对个人成为道德侵犯或伤害他人的直接代理人的前景感到不安；当呈现非道德困境时，DLPFC 被激活。

心理理论（theory of mind）和移情是与道德密切相关的两个过程。心理理论涉及 VMPFC 活动，它有助于欣赏他人的想法、感受和信念。同理心从他人的角度出发并认同感受他人的情感。自我以及自我与他人之间的感知相似性显著影响"认知"同理心和 vmPFC 活动，这表明 vmPFC 处理复杂的"自我—他人联合"，或者个体精神和情绪与其他人的精神和情绪状态的共鸣。当观察到的他人的意图和情绪被内部映射或模仿时，其他区域会调节"自我—他人联合"，包括 OFC/VL 镜像神经元；前扣带回皮层，当自我概念受到他人表现出色（嫉妒）的威胁时；和腹侧纹状体，当快乐来自另一个人的不幸（"幸灾乐祸"）。

2. 暴力罪犯的神经异常

犯下暴力罪行的人神经系统与正常人相比变化发生率很高。比如研究显示，近三分之二的凶手有神经系统问题，如脑损伤、智力低下、脑瘫、癫痫、痴呆等。这些暴力罪犯的额叶或颞叶缺陷或脑电图有明显变化，其中一些缺陷可能是由于酒精或药物滥用，或其他综合因素导致他们功能缺陷，如无法抑制自己的行为及执行功能受到损害。

因精神错乱而犯罪的凶手和暴力精神病住院患者的额颞叶活动减退。大脑形态测量发现大脑前额叶和 OFC/VL 灰质减少与精神病特征或分数增加具有显著相关性，也就是前额叶、OFC/VL 灰质越少精神病特征的得分越高。暴力犯罪者的前额叶灰质体积减小与自主神经唤醒降低呈显著相关。此外，在已有研究中，前额叶皮层的体积越小，反社会行为的倾向就越大。但也有一些不一样的结果，如有冷酷无情行为问题的男孩，其内侧额叶区域的灰质浓度增加，表明可能存在皮质成熟延迟。

除了额叶异常外，反社会者杏仁核功能活动显著降低。杏仁核涉及厌恶或恐惧条件反射、工具性学习（奖励）和关联的社会性信息，例如对人面部表情的认知理解，是可以信任的、平易近人的，或者是让人恐惧的。反社会者对刺激引起的预期反应学习能力受到损害，比如不能辨认一个信号可能关联危险信号或者是安全信号，但事实上大脑 vmPFC 需要这些信息来发展正常的道德社会化行为。

动物研究表明，早期杏仁核功能障碍会破坏 vmPFC 和 OFC/VL 的正常发育。在发育性社会病中，早期杏仁核功能障碍可能导致 vmPFC 和 OFC/VL 功能障碍，其原因被认为是当损害他人时会引起其本身厌恶痛苦情绪缺失，导致他们的反社会行为。最后，有研究显示发展性精神病患者的整个区域网络发生了微妙的变化。

3.后天获得性异常行为

道德认知和神经病学之间的相互关系并不是偶然的。事实上，对道德的大脑基础的研究源于两名具有里程碑意义的患者，他们因创伤性头部损伤而发生了反社会的人格变化。

一个是菲尼亚斯·盖奇（约 1823—1860 年），因爆破造成颅脑损伤，一铁棍刺穿了他的左上颌骨，穿过靠近中线的额骨。盖奇从急性并发症中痛苦地恢复后，经历了性格的持续变化。他变得不敬、情绪不稳定和冲动；然而，从最初的医疗报告来判断，他并没有变得无情或邪恶。

　　几年后，37 岁的弗朗茨·宾兹（约 1848—1886 年）从离公寓 100 英尺（约 30.48 米）的窗户上掉了下来。当宾兹从切除大脑前部的骨头碎片中恢复过来时，他的性格发生了巨大的变化。他变得冷酷无情、刻薄，不断戏耍，用可能想象的任何不当行为威胁其他病人。他对护理人员特别残忍，他错误地指责他们在晚上用别针刺破他的脚。他喜欢摆出高级军官的姿势，向其他病人发出命令。宾兹特别喜欢让别人感到不舒服。他的妹妹和妹夫有一次来看他时，他暗示他的妹夫被他的妹妹欺骗了，因为她用一个熟人的名字叫了她的丈夫。当这对夫妇离开时，他的妹夫非常难过，但宾兹似乎很高兴。这种性格的变化与他发病前的性格形成了鲜明的对比。他的妹妹说，发病前，宾兹很勤奋、仁慈、脾气平和、外向；他总是心情很好，说一些有趣的笑话或故事来逗乐周围的人。后来，宾兹不到一年就去世了。尸检显示病变在右额叶，主要破坏眶中外侧和腹内侧前额回（Welt，1888）。

　　盖奇和宾兹有相似之处。一方面，他们受伤时已经成年，受伤是由头部的外部创伤造成的，两人都经历了严重的人格变化，没有明显的智力和感觉运动障碍。另一方面，虽然盖奇人格的大部分反社会行为可以用行为自我调节的丧失来解释，但宾兹变得邪恶到用预谋和巧妙的方法对他周围的人造成身体和心理伤害。

　　盖奇的行为特征引出了"获得性反社会疾病"的研究，而宾兹的行为特征则引出了"获得性精神疾病"的研究。

　　"获得性反社会疾病"涉及 vmPFC 和 OFC/VL 病变。患有局部 VMPFC

病变的患者，尤其是右侧的患者，违反社会道德而产生的情绪不适感显著减弱，同理心严重不足，对受害者的反应降低。vmPFC病变，尤其是在右侧，会干扰"他人权利"而产生嫉妒、不适当的骄傲和幸灾乐祸。在讽刺和失礼方面，表现出心理理论不受影响，但他们无法解读他人的感受和情绪（"情感心智"）。与发育性反社会患者一样，患有 VMPFC 病变的患者具有自主神经低反应性，尤其是对社会刺激的反应；但与发育性反社会患者相比，表现出更低的自主神经反应，无法区别恐惧或者悲伤。他们之间的不同还在于，vmPFC 病变患者不具有欺骗性、操纵性或工具攻击性。最后，OFC/VL 病变会导致患者难以及时利用来自社会和情绪线索反馈信息，对情绪和冲动反应进行控制。

在道德决策方面，vmPFC 损伤患者更愿意将个人道德侵犯视为可接受的行为，而且他们很快就毫不犹豫地这样做了。

（二）道德认知发展理论

1. 皮亚杰的道德发展阶段论

瑞士著名心理学家皮亚杰早在 20 世纪 30 年代就对儿童的道德判断进行了系统研究。同时，皮亚杰也是第一位系统考察儿童道德规范形成与道德认知发展的心理学家。他认为儿童道德发展有以下阶段。

自我中心阶段（2～5岁）：一种无道德规则阶段，规则对儿童没有约束力。因为他们尚不能将自己与周围环境区分开，把外部环境看作是自我的延伸，仅按自己的想象去执行规则。

权威阶段（6～8岁）：又称他律道德阶段。儿童的道德判断受外部的价值标准所支配和制约，表现出对外在权威的绝对尊敬和顺从的愿望。他们认为规则是必须遵守的，是不可更改的，只要服从权威就是对的。比如听父母或大人的话就是好孩子。这个阶段的儿童对行为的判断主要根据客观结果，而不考虑主观动机。

可逆性阶段（8 ~ 10岁）：是自律道德的开始。儿童开始依据自己的内在标准进行道德判断，不把规则看成是绝对的、一成不变的东西，而是同伴间共同约定的，可以修改的。规则已经具有一种保证相互行动、相互给予的可逆特征。

公正阶段（10 ~ 12岁）：儿童的道德观念倾向于主持公道、平等，体验到公正、平等符合每个人的特殊情况。这时儿童往往更多地从行为的动机而不单纯是行为的后果来判断行为的责任。而且与成人的关系也从权威性过渡到平等性。皮亚杰认为，在从他律到自律的发展过程中，个体的认识能力和社会关系具有重大影响。道德教育的目标就是使儿童达到自律道德，使他们认识到道德规范是在相互尊重和合作的基础上制定的。要达到这一教育目标，就应注意培养同伴之间的合作，注意成人与儿童关系不应是权威和服从的关系；在儿童犯错误时，要使他了解为什么这样做不好，以发展儿童的道德认识。

2.科尔伯格的道德发展阶段论

美国心理学家科尔伯格扩展了皮亚杰的理论和研究方法，他使用的是两难故事法研究学生的道德发展。（"海因茨偷药"的故事。海因茨的妻子身患癌症，危在旦夕，本城市的一个药剂师最近发明了一种治疗癌症的特效药，可以救他妻子，但新药价格昂贵，海因茨就到处借钱，可只借到一半的钱，而药剂师又不肯便宜卖给他。为了挽救妻子的生命，走投无路之下他夜间撬开药店的门，偷走了药。结果，药剂师把他告到了法院）故事中包含一个在道德价值上具有矛盾冲突的环境，让被试者听完故事后对故事中的人物的行为进行评论。提出的问题是：海因茨该不该偷药？为什么？法官该不该判他的罪？为什么？从而了解被试者的道德发展水平。他认为个体的道德认识是由低级阶段向高级阶段发展的，他提出了人类道德发展的顺序原则，并认为道德认知是可以通过教育过程加以培养的。

通过大量的研究，科尔伯格将道德判断分为三个水平，每一水平包括两个阶段，因此提出了三水平六阶段的道德发展阶段论（表4-1）。

表4-1　科尔伯格关于道德判断的三水平六阶段

三个水平	六个阶段	对"偷药故事"的可能反应
前习俗水平：免受惩罚或获得奖励而顺从权威人物规定的行为准则	阶段1：惩罚服从取向阶段，衡量的标准是由惩罚决定	可以：先提出请求，偷的东西不大 不可以：偷药会受到惩罚
	阶段2：相对功利取向阶段，该阶段寻求快乐定向	可以：失去妻子丈夫不开心 不可以：偷了药丈夫坐牢，坐牢不舒服
习俗水平：个体的行为必须符合社会准则，了解并遵守和执行社会规范	阶段3："好孩子定向"	可以：好丈夫应该做的事情 不可以：给家庭带来苦恼和丧失名誉
	阶段4：遵守法规取向阶段，服从权威定向	可以：尽到丈夫的责任 不可以：偷东西是犯法的
后习俗水平：人类的正义和个人的尊严，并将此内化为道德命令	阶段5：社会契约取向阶段，规范是可以质疑的，契约和法律的规定并不是绝对的	可以：法律没有考虑到这种情况 不可以：偷是不可以的，可以用其他手段
	阶段6：普遍伦理取向阶段，只要动机是好的，行为就是正确的	可以：尊重生命、保存生命 不可以：也有其他人需要，他人的生命也具有价值

科尔伯格根据自己的大量研究得出结论，0～9岁儿童属于前习俗水平，9～15岁多属于习俗水平，16岁以后，一部分人向后习俗水平发展，但达到的人数很少。他认为，这种发展的顺序是由低级阶段向高级阶段发展的，这种顺序不会超越，也不会逆转。个体在某个发展阶段，主要使用某个阶段的推理，同时也使用其他几个阶段的推理。学生的道德判断可以通过道德推理的训练得以发展，道德两难问题是道德推理训练的有效方法。一个人的智慧发展与其道德认识发展是密切相关的，但却不是同步的。所以他主张，必须使学生认识上的成熟达到能在原则上进行推理的水平。

三、道德心理结构发展的影响因素

（一）道德认知的发展

1.道德认知的研究现状

道德认知是指人们对客观存在的道德关系及如何处理这种关系的原则和规范的认识，包括道德印象的获得、道德概念的掌握、道德评价和道德判断能力的发展、道德信念的产生及道德观念的形成等，是品德心理结构的重要组成部分。

道德认知一般包括三个维度：道德决策、道德判断和道德推理。道德决策是人们如何做出影响他人利益的决定；道德判断是人们如何对行为的道德适当性做出判断，并选择责备惩罚或表扬和奖励等；道德推断是人们如何根据对道德相关行为的观察形成个人道德信念。有研究者认为，道德虚伪可以理解为道德决策和道德判断之间脱节。这三个维度通常由不同的研究人员使用非常不同的实验范式进行。例如，道德决策通常通过涉及影响他人利益的奖赏任务进行研究：实验室中做出对自己和他人利益有实际影响的选择，例如给自己更多的钱加上给他人更多电击，或者给自己较少的钱加上给他人更少的电击。道德判断则通常使用假设的"困境"情景来研究，如经典的"电车问题"，参与者被问及是否可以将一个大个子推下桥以阻止电车碾过几名轨道工人。道德推理通常是使用对道德／不道德行为的叙述性描述来研究，例如行善或者犯罪。

近年来也有研究揭示道德决策、判断和推理背后的心理机制。这种机制主要用以阐明道德问题的外部特征（例如伤害、利益、因果关系、意图、性格等）如何转化为内部效应以及如何使用该效应来指导道德决策、判断和推理，并解释人们做出的整个选择集的能力以及大脑活动模式。

道德认知的核心部分在于个体在评估行为对自己、其他个人和／或社会的价值——它来自功利主义的道德哲学的观点，它认为道德上正确的行为是产生最大好处或效用的行为。伤害厌恶可能是功利性道德认知的关键情感成分，是一种厌恶伤害他人的道德情感。

2. 利他与个体道德认知

所谓利他行为就是指一种不期望任何社会报偿而出于自觉自愿的助人行为，其中包括援助、救济、安慰、同情等。比如在生活中把方便让给别人，把困难留给自己；奋不顾身跳下水营救素不相识的落水者；帮助非亲非故的孤寡老人等。人们愿意减少对他人的伤害而让自己付出更多的代价。研究者认为并不能用个体特质的同理心或者社会偏好来解释这种行为，但在察觉到对别人带来不良后果时能体验到厌恶情绪（如内疚、害怕或责备），这种厌恶情绪之下个体会选择对他人更小伤害的行为。

另外在道德判断的研究中，向参与者展示别人做出的决定（如选择更多的钱让别人得到更多的电击），要求他们判断别人的决定是值得称赞的还是需要指责的。在利他水平比较高的个体中，责备与获得金钱成负相关，与痛苦成正相关，也就是利他水平较高的个体会更多指责"选择对别人更多电击来得到更多的钱"的选择，而较少指责"选择获得更少的钱让别人承受更少的电击"。参与者自身的伤害厌恶偏好调节了责备与利润和痛苦的关系，如果参与者体验到更强的伤害他人厌恶情绪，会使自己更不愿意给他人造成痛苦，他们做出责备判断时会更关心对他人伤害的程度而不是个人的利益。

3. 感恩与道德判断

有研究者认为，一个人如何选择一个行为，往往跟一个人的直觉道德判断有关，也有人称之为道德直觉。

感恩情绪在道德判断中发挥中介效应。感恩水平高的个体更容易牺牲自己的利益来减轻他人的痛苦。具体来说，感恩与减轻他人疼痛和牺牲的利益呈正相关。以上结果得到来自神经科学研究结果的支持，如感恩与vmPFC 的活动相关。感恩水平高的个体，对减少利润比减轻别人的痛苦更加敏感，也就是说感恩水平高的个体会更倾向于选择减少自己利益，"利他"行为水平更高。

道德评价并不仅仅停留在判断单个事件对与错的水平上，而会经常从那里开始对行为者的道德特征（善与恶）进行推断，这个过程被称为道德推理。准确推断他人的道德品质有助于预测他们的行为。在道德推理任务中，被试被要求预测其他人将做出的决定，而不是决定是否从给他人施加痛苦中获利，比如，他人会在两个选项之间做出选择（给自己更多的钱同时给别人更多的电击，或者给自己更少的钱同时给别人更少的电击），要求被试预测"他人"会选择哪个选项，并随后收到有关其准确性的反馈。每隔几次试验，被试就会提供他们对"他人"性格的主观印象，范围从"讨厌"到"好"，以及他们对这种印象的不确定性。在该任务中，被试首先应做出自己的道德决定，然后预测别人的道德决定。结果显示，对"他人"坏伤害厌恶信念比"他人"好的伤害厌恶信念的预测不稳定性更高。也就是预测坏"他人"行为预测结果更不稳定，这种不稳定性有利于随时修正对坏"他人"的印象。研究者认为，这是促进宽恕认知的机制，涉及一个人改变对违法者的态度和看法。

当人们坚持自己与他人不同的道德标准时，就会出现道德虚伪。也就是我们常说的行知相背，口是心非，两面三刀，说一套做一套。道德虚伪表现为两种形式，第一种是个人的道德判断与道德决策不一致，第二种是对自己的道德评判与对他人的道德评判标准不同。在"给自己更多的钱加上给他人更多电击，还是给自己较少的钱加上给他人更少的电击"道德决策任务中，也可以研究被试的道德判断。道德虚伪的人，能够完成道德判断任务但不能形成道德决策。也就是伪君子可以理解道德规范，但无法把这些规范转化为道德行为。在神经科学中，前额叶区域和代表自己行为价值的纹状体区域之间的联系减少被认为能预测一个人的道德虚伪程度。在犯罪精神病患者中表现出皮质纹状体功能受损，尽管犯下了道德暴行，但仍表现出完整的道德判断。

回到汶川地震中，对于那些舍生取义老师的道德认知过程，他们的道德决策、道德判断和道德推理过程，很多人认为这种大是大非的情景跟实验室的情景完全不同，在万分危急的情况下一个人的行为反应，他们在突发的情况下选择将伤害留给自己而将更多生的希望留给学生的道德决策，这种"超利他"主义的行为，可能不能用同理心、社会偏好进行解释，也不能完全用对他人伤害的厌恶情绪进行解释。

（二）道德判断的发展

目前主要从两个方面理解道德判断，一是道德判断的信息内容是如何导致人的行为应该受到指责或者负责任，这是道德判断的信息模型。二是产生道德判断的心理过程如何，这些判断是由直觉或情感过程驱动的，还是经过深思熟虑，这是道德判断的处理模型。

1.道德判断的信息模型

海特（Haidt）称"道德判断是由快速的道德直觉引起的，然后（在需要时）由缓慢的、事后的道德推理来遵循"。这个陈述包含关于道德判断的直觉本质的两个不同的主张。第一个是"否定"主张，即推理通常不会先于道德判断，而是来自道德判断。作为事后推理环节，挑战了基于理性的道德判断模型的悠久传统。第二个是"积极的"主张，即直觉或情绪反应直接导致道德判断（直觉判断环节）。这就是道德直觉模型。

2.道德判断的处理模型

Greene（2007，2013）认为道德判断不仅受直觉/情感过程驱动，还受到人类有意识推理过程的驱动。这种道德判断的双重过程已经被广为认同。在Greene（2007）模型中，假定这两个过程是不同类型道德判断的基础：道义论即对权利和义务的关注和判断，主要由直觉的情绪反应驱动；结果论即旨在促进更大的更好结果的判断，主要受理性认知过程控制。

Greene认为，"人们在情绪反应低的情况下倾向于结果论，而在情绪反应高的情况下倾向于道义论"。

该模型的初步证据来自其开创性神经功能成像的研究，将像人行天桥这样的"个人"困境（其中涉及直接身体伤害行为）与"非个人"困境（如开关不涉及直接身体伤害行为）进行了比较。与情绪处理相关的大脑区域在个人困境中具有更大的激活，而与工作记忆相关的区域在非个人困境中具有更大的激活。在"个人困境"中，人们还需要更长的时间来判断个人行为是否合适，这表明需要更多时间来克服主要的情绪厌恶反应。

个人困境和非个人困境

"非个人"困境：想象一下，你正坐在一辆失控的手推车的车轮上，迅速接近轨道上的一个岔路口。在向左走的铁轨上是一组五名铁路工人。在向右走的轨道上是一个铁路工人。如果你什么都不做，手推车将向左行驶，导致五名工人死亡。避免这些工人死亡的唯一方法是按下仪表板上的开关，这将导致手推车向右行驶，导致单个工人死亡。为了避免五个工人的死亡，你会按下开关吗？

"个人"困境：想象一下，一辆失控的手推车正沿着轨道驶向五个工人，如果手推车继续行驶，他们将被杀死。你在接近手推车和五名工人之间轨道上方的人行天桥上。在这座人行天桥上，你旁边是一个陌生人，他恰好个头很大。拯救五名工人生命的唯一方法是将这个陌生人推下桥，推到下面的轨道上，他的大身体将在那里停下手推车。如果你这样做，陌生人会死，但五个工人会得救。你会为了救五个工人而把陌生人推到铁轨上吗？

如果情感是"道义论"判断的基础，那么当人们的负面情绪反应消除时则提升行为的可接受性。实际的研究结果显示，让被试观看了一段诙谐有趣的视频之后（降低被试的负性情绪），判断"个人"困境动作，他们会认为推下一个人以阻挡电车的行为也是合适的。当一个情绪功能区VMPFC受损的患者在考虑有害行为时，其生理反应较为迟缓，与正常人相比更有可能判断一个人的伤害行为是否恰当。相比之下，正常的被试表现出强烈的情绪厌恶，即使参与模拟的有害行为，他们也拒绝假设发生个人有害行为。

如果有意识的推理是"结果论"判断的基础，那么对人们的认知处理能力消耗（认知负荷）则会影响这些判断。Greene 等人的研究表明，在认知负荷下义务论判断的频率和速度没有改变，但结果论判断比没有认知负荷时慢。Conway 和 Gawronski（2013）发现，认知负荷有选择地削弱了结果论判断，但对义务论的判断并没有影响。这些发现很难用海特的模型来解释——如果判断是由直接的直觉反应驱动的，那么认知负荷应该不会影响这些判断的速度或内容。

但 Greene 的模型一般会以第一人称（例如，"你适合……"）而不是第三人称来进行道德判断的探索，夸大了情感在道德判断中的作用。人们在考虑自己的行为时会做出更多的道义反应，因此，情绪反应可能部分是由个人内在（例如可能惩罚、印象管理）驱动的，而不是纯粹由行为本身特征驱动的。此外，个人／非个人的区分可能不准确，因为人们并不清楚区分个人／非个人的具体特征，也不清楚人们是否始终以预测的方式对它们做出反应。最后，关于道义论和结果论生态性的质疑。经典道德困境所揭示的所谓的结果论判断与利己主义的担忧更密切相关，而不是对更大利益的担忧。因此，道德困境情景可能无法真实反映日常的道德判断。

（三）情绪对道德发展的影响

1. 情绪对道德的影响

几千年来，哲学家们一直在争论情绪是否可以是道德的，情绪是否有助于更高层次的道德判断和行为。情感，表现一种个人的喜好、爱厌。因此，情绪被认为是一个人对事件的评价和认知的偏见，是对理性、道德思想的破坏。最近，哲学家们认为部分情绪能帮助人们区分特定语境中的道德特征，激励道德行为，削弱不道德行为。此外，情感可以通过向他人和自己揭示我们的道德价值观来发挥交往作用。

哲学家对情感在道德中的作用的转变观点与当今心理学中的情感观是一致的。比如，高级的情绪如厌恶、内疚、同情、感恩，被认为是激励道德行为，并在其发展和道德品质中发挥作用。此外，人们发现基本情绪如喜怒哀惧也能显著影响人的道德判断和道德行为。

进化心理学与社会神经科学的交叉研究表明"神经道德"的情绪和驱动力可以加强社会凝聚力和合作。对猿类和其他社会动物的研究均显示道德情感的存在，如同情、感恩、公平感、互惠感、正义感、安慰感和群体忠诚度。在人类中，内疚、羞耻、尴尬、感激、同情、自豪、害怕他人负面评价以及对不公平待遇的愤怒等道德情绪是以社会有利的方式行事的强烈动机。这些情绪使人类能够快速掌握社会互动的道德含义，然后采取行动提高他们未来亲社会合作行为的可能性。此外，道德情绪是基于进化的神经道德驱动力的表现，包括无伤害、公平或公正、权威和纯洁。

神经影像学和其他技术通过对社会病态或慢性反社会行为的研究，揭示了许多关于道德神经生物学的信息。反社会者缺乏道德情感、同理心、良心，或对自己的行为感到懊悔和内疚。尽管他们难以区分道德（基于受害者）的违规行为和传统的（基于社会障碍的）违规行为，但他们具有正常的道德知识和推理能力。反社会行为者具有工具性（冷血和目标导向）和攻击性，交感神经唤醒降低。

那么，情绪是如何影响道德行为的？

从堕胎到吸烟等问题，不同的道德观点可能千差万别，并且处处充满强烈的情感和强烈的观点。某些行为可能会充满道德意义，个体如何选择自己的行为，这取决于环境、文化、行为引起的情绪以及个人对其做何解释，判断其后果。这个过程又取决于认知和情感的相互作用，或者与我们对某事的感受相结合而进行的道德决策有关。

心理学中处理这种感觉和思维或认知和情绪的相互作用，就像斗牛士处理公牛一样：情绪强烈而任性，则需要更稳定、更聪明和更可控的理性。但道德决策中的情绪和认知之间的关系不是一场斗争，它们之间是不可分割的，是一场平稳的舞蹈——当一个移动，另一个相应地移动，虽然一个人可能领先，但需要两个人才能跳探戈。虽然社会心理学和认知神经科学对于情绪和认知如何相互作用有不同的模型，但大多数人都同意它们可以被认为是互补的——事实上，当前的大多数神经科学模型都关注受理性控制的"认知"过程如何塑造和引导情感，而许多社会心理模型倾向于关注情感输入如何塑造和修改认知。由于其由特别强烈的自上而下的认知（例如目标、动机和理想）加上强大的自下而上的情感过程组成，我们认为道德领域是一个理想的研究认知—情感互动的模型。

以科尔伯格为代表的早期理论家声称，道德判断是有意识地应用习得规则以解决道德困境的产物。他们相信，随着儿童年龄的增长和他们的智力发展，他们能够参与角色扮演和社会化，这使得道德成熟。以海特为代表的学者却认为道德判断不是道德规则和道德结果之间复杂计算的结果，而是快速而轻松地做出并且是情感直觉的产物。这种向情感优先的转变伴随着社会心理学领域道德心理学研究的爆炸式增长，研究探索了哲学、神经和情感道德判断的基础。他们认为情感为中心的直觉道德判断形成一个人的决定或偏好，并不完全需要理解它后面的原因。

显然纯粹的理性控制或者过度强调情感驱动，可能均不能解释一个行为形成的复杂过程。不同的情景、不同的个体、不同的道德判断，可能同时涉及认知和情感控制，但参与的程度则视情景—个体—文化的交互影响有关。比如，基于"道义论"的判断与基于"结果论"的判断，涉及认知和情感的成分是不同的。再比如，考虑到个人喜恶偏好和进行评估时经常使用情感作为信息来源，特别是当情感增强了对其情感相关信息的感知以及其他方面信息输入不足时，个人也许更有可能动用情感反应（厌恶）作为道德判断的基础。例如经典的海特情景兄妹乱伦能让彼此更亲近的情景中，没有人在道德上受到伤害，但要求个人对道德错误进行评估，这种困境可能会触发自动情绪反应进行道德评估。相比之下，当个人面临引发两个竞争目标之间冲突的困境（例如电车问题）时，他们可能会进行更可控的情绪处理，从而使个人判断看起来更像是理性的产物。

当道德认知模型、道德直觉模型或者道德双重过程无法解释个人做出道德决定，有研究者提出了学习模型。学习模型的基础是经典条件反射，行为的出现更像是经验重复训练的结果。学习模型也未能阐明情感在道德判断中的作用。

2.情绪的可控性与不可控性

情绪源于对与目标相关的刺激的识别和生理变化的激活，这些变化使个人为行动做好准备，这两者都取决于情景、个人和文化因素。情景因素比如事情发生在什么场合、有什么样的人群、有什么样的环境，个人因素如这个人之前的经验、个性特质、对问题的了解程度，文化因素如社会风俗、信仰等。之前许多研究认为情绪是自动化的或者反射性的、不可控制的，但近来的研究表明，大部分情绪是受到控制的理性过程。

情绪自动化是快速的，是人类大量行为的基础，例如经典的海特情景兄妹乱伦能让彼此更亲近的情景中，个体对该事件的认知则涉及自动化情绪过程。许多社会认知例如包括威胁和奖励、态度和评价的形成和表达以及道德判断均涉及自动化情绪过程。快速的情绪反应之下，个体出现相应的行为完全是无意识的过程。

认知过程在情绪产生中的关键作用即情绪可控性。一般来说，认知控制例如努力程度、目标导向的有意识控制，从对物体的注意力、相关记忆提取，到感知、语言和各种行为。理性认知过程会影响对刺激意义的评估、情绪的自我体验，所有这些都可以改变刺激对于个体的解释方式和情感价值，以及它们如何影响个体未来。

一般来说，在一个事件中自动和非自动情绪过程共同参与影响人的行为，人对事件的情绪反应是两个过程协同活动的结果，也可以通过多种方式交互产生许多不同的情绪体验。例如，面对正在冲过来的野兽，你可能会产生恐惧；通过想象冲过来的猛兽也可能会产生同样强烈的恐惧感，但你也可以告诉自己这不是真实的，于是恐惧和紧张感快速减少。因此情绪可以是自动化的，也可以是有意识的构建，自动化和理性控制过程均在个人的情绪产生和转变中发挥作用。

3. 理性情绪过程对道德判断的影响

个体动用认知资源对情绪的上调或者下调能力可能是促成在特定道德情景之下进行道德判断并采取行动的关键因素之一。在电车道德困境中，要求被试想象自己试图用力推动电车到另一个电车轨道上杀死一个无辜的人，这个过程会让个体认知（感知、想象、思维）增强了情绪感受（认知上调），这种上调会让被试觉得这个行为是错误的。相比之下，同样是在电车道德困境中，要求被试想象自己在一个控制室里，拨动控制按钮改变电车的路径撞到另一个人，这个过程中个人的认知感受下降，下调情绪过程，导致个人认可功利主义观点，被试可能会认为杀一个人救了五个人在道德上可以不受到谴责。

因此，情绪开启对道德判断进行重新选择的可能性。承认情绪是理性的产物，那么功利主义的决定也可以理解为是一定情绪之下的选择。由此重新考虑"海因茨的两难选择"中，选择偷药以拯救自己的妻子（功利主义决定）是一种无可厚非的情感选择。

道德行为可以重新定义为它是受到情绪调节的以便使自己的行为符合自己已有的道德理想和目标。这种个人确信的道德理想和目标也可以称之为道德信念。道德信念是人们对某种道德理想、道德原则和规范在内心的确信。

个人可能会用与自己预期的目标一致行为的方式上调或下调他们对道德刺激的自动情绪反应。例如，在评估发生了令人厌恶的行为但没有人受到伤害的困境时，不同的人有可能会通过降低自己的厌恶感或者提高自己的厌恶愤怒感，来实现对行为的非指责或者道德指责。

道德敏感性的差异可能源自个体的情感体验。个体道德厌恶敏感性与道德严重程度、思想保守主义的消极态度等有关。

因此，道德认知过程受到情感的调节，它们之间的相互作用受到个体情感体验的差异影响，也受到时间或者个体状态的影响。情感和认知过程之间的相互作用因时间和个体而异，并且受到先前存在条件的强烈影响。如同样的创伤，创伤暴露后的不同时间窗口对个体认知和情感的影响是不同的。其原因与情景的选择、用于唤醒事件的线索不同以及个体应对策略不同有关（2007）。但大多数人在研究情绪的作用时只是将情绪作为一个特定因素，而没有对情绪性质和程度进行评估。

4.情绪对道德影响的神经基础

大脑的认知控制是自上而下的过程（由大脑发出控制指令，指挥视觉、听觉、注意、思考等过程）；情绪影响是自下而上的过程（先是外周如视觉、听觉等感受到了刺激信息，引起了大脑自动化的情绪和行为反应），要确定道德判断是认知和情绪共同的过程，需要明确道德情绪体验（如厌恶、内疚、感恩等）有关的大脑区域与道德认知判断（如伤害、诽谤、不诚实等）的区域是否存在重叠。研究证明，道德判断是复杂的过程，涉及不同的大脑区域，这与道德判断的复杂性相符。为了更好地了解道德判断过程中涉及的情绪过程，表4-2整理了涉及道德判断区域与自动化和非自动化情绪大脑区域，结果显示它们之间有显著的重叠。

表 4-2　涉及道德判断的大脑区域与自动化和非自动化情绪的大脑区域

大脑区域	情绪和情感的作用	道德判断
杏仁核	检测和响应情感刺激	与内隐道德态度强度相关
	处理目标相关性	涉及评估一个人的道德违规行为
	情感学习	参与决定对不道德行为的惩罚
岛叶	身体状态知觉的整合	参与公平性和合作行为的评估
	识别传达有关身体状态（例如厌恶）信息的情绪表达	评估风险和避免伤害
	移情	
	厌恶的表达和体验	
	厌恶体验和认同	
前扣带皮层	自我监控	"结果论"决策
	情绪调节	
背内侧前额叶皮层	对个人的心理状态和特征进行推断	参与在多个领域做出道德判断（例如恶心、有害和不诚实的行为）
	反思和描述与行动背后的意图相关的感受	
腹内侧前额叶皮层	整合来自杏仁核、腹侧纹状体以及背侧和外侧前额叶区域的多个信息流	在做出与个人相关的道德判断时预测和调节情绪反应
	提供刺激现值的指数	将意图与道德行为联系起来
背外侧前额叶皮层	控制选择性注意的焦点	认可功利主义判断
	从记忆中检索语义和情节信息	涉及伤害判断
	选择适当的上下文并抑制上下文不适当的响应	
腹外侧前额叶皮层	解决认知失调	接受不公平的报价
	调节杏仁核活动	
眶额皮质	情感和动机信息的整合	对功利主义权衡的认可
	行为的内隐自我监控	

既然道德判断及道德情绪涉及多层次、不重叠的大脑区域，它们之间

是如何协调整合工作的？

有研究认为，当个体在一定情绪状态之下，杏仁核和岛叶会对情感刺激的强度做出反应，并直接关注引发情绪的事物以及由这些事物引发的身体状态变化，这是完全无意识的自动化过程；背内侧前额叶（dmPFC）能整合这些感受并进行认知归因，腹外侧前额叶皮层（vlPFC）负责选择合适的语言来描述表达当前的情绪，该过程则是理性意识控制的过程。因此，一组大脑区域既能产生自动化的情绪过程也能产生理性控制的情绪，这些情绪由特定情景造成，受到个体预期评估、目标、信念以及对特定刺激的敏感性影响。

来自 Decety 及其同事（2012）的一项研究显示，让不同年龄阶段的人群（7～40 岁）观看无意伤害和故意伤害的视频，结果发现，无意伤害与前扣带脑皮质（ACC）和岛叶以及其他参与疼痛的区域的激活增加有关，但故意伤害与背内侧前额叶 mPFC、后颞上沟（STS）和眶额皮质（OFC）的激活增加有关。不同性质伤害引发出不同的活动模式，可能与个体在解释伤害意图时所产生的情绪状态不同有关。且有趣的是，随着年龄的增长，前额叶控制区域活动范围更大，脑岛叶的激活从后部逐渐往前部移动；当观察到故意伤害时，眶额皮质（OFC）的激活出现从内侧到外侧的转变，可能反映了从自动化的躯体感觉反应到童年时期的观察共情，再到青春期和成年期更加可控的情绪反应的变化。以上结果说明，情感对理解和观察道德境况有重要作用，也说明了在情感和道德判断过程中存在许多共同的区域，同时也反映了人的社会情感神经的成熟发展过程。

有些人甚至认为，在精神病患者中看到的冷酷无情的倾向可能是由于前额叶皮质的腹内侧（vmPFC）和杏仁核的功能障碍导致的强化学习缺陷有关。在精神病患者中，不道德的行为可能无法与厌恶强化（受害者的痛苦）形成关联，即伤害性行为会引起该人群的厌恶反应，但不能与不道德形成关联，因此不会在其大脑中标记为不道德的消极行为。相反，有害的行为和不道德的行为可被视为有助于他们实现他们想要完成的事情或者目标，比如通过攻击使他人臣服或者让步，这种厌恶道德情感的正常强化缺陷，导致他们不能形成道德行为。

道德推理和学习道德规则似乎需要多个认知过程和大脑区域的协调，包括那些涉及自动和受控情绪处理的区域。有关区域的功能障碍可能导致无法形成正常的协调过程，从而导致非道德行为。人的道德行为始于道德认知和道德判断，这两个过程均受到情绪的影响。情绪影响道德判断的过程是复杂的，可能包括无意识的自动化过程和理性控制过程，在生理上涉及不同大脑区域的协调活动，这些脑区的活动模式受到年龄、社会文化和个体发展的影响，构成影响儿童道德行为形成和发展的基础。

四、道德情感

道德情感是个人道德意识的构成因素，指人们依据一定的道德标准，对现实的道德关系和自己或他人的道德行为等所产生的爱憎好恶等内心体验。道德情感是一种情感体验，指个体对一定的社会存在和道德认识的主观态度。在一定的社会条件下，人们根据道德准则要求进行道德活动时产生爱慕、憎恶、信任、同情等比较持久而稳定的内心体验。

在道德中起根本性作用的情绪主要包括羞耻、内疚、移情和厌恶。厌恶在前面已经介绍，在这里重点介绍羞耻、内疚和移情对道德行为的影响。

道德理论中涉及最多的行为是羞耻感和罪恶感，并认为罪恶感是道德情感的精髓。二者都被认为是"自我意识的情绪"，尴尬也是如此。这些情绪被标记为"自我意识"，因为这些情绪是个人对自己本人理解和评价的基础。尴尬作为一种自我意识情绪，在道德行为中并不起主要作用。

凯尔特纳和巴斯韦尔（1997）认为，尴尬是一种不同于内疚和羞耻的情绪，因为它涉及与其他情绪不同的原因、经验和非语言表现。最近研究一致认为，与羞耻和内疚相比，尴尬是最不消极的、最不严重的、最短暂的情绪，它与道德含义和道德违法行为关系最不密切，涉及较少的自我愤怒和补偿行为。尴尬在道德行为中扮演角色，可能通过激发轻松的情绪来安抚他人，或防止丢脸，并有助于确保遵守重要的社会规范。因此，人们普遍认为尴尬在道德行为中起次要作用。

（一）羞耻感

1. 什么是羞耻

羞耻感有多种定义，在经典的精神分析理论中，它被认为是对自己不可接受行为或者冲动的超我反应。羞耻感通常来源于童年时期父母遗弃和惩罚等造成的焦虑。在精神分析理论中，自我、本我和超我构成一个人的人格，自我以快乐为原则，本我以现实为原则，超我以道德为原则。譬如当一个学生在本该上课的时间在宿舍睡觉，其"自我"反应可能是"我很累所以需要休息，所以休息是应该的"，"本我"反应可能是"现在是上课时间，大家都去上课，不去上课就会受到批评，所以这样做是不对的"，产生内疚感，"超我"反应可能是"没有遵守学校的规定准时上课，不是一个好学生，所以不去上课是不对的"，产生羞耻感。这个学生的最终行为是去上课还是在宿舍睡觉取决于自我、本我和超我之间的冲突和平衡，如果是自我最强，学生最终可能会继续睡觉；如果是超我和本我比较强烈，那最终学生会离开宿舍去上课。

羞耻常常被用作内疚的同义词，以前对它的研究并不多。它常常被定义为"一种由自我相关的厌恶事件引起的，基于沮丧、被动或无助的情绪"。羞耻的人更容易贬低或谴责自己，认为自己存在严重缺陷，觉得自己的行为是透明的，害怕遭到轻蔑，逃避与他人接触。

当一个人经历羞耻时，整个自我都会感到暴露、自卑和堕落。成年人报告说，经历羞耻比经历内疚带来的痛苦更为强烈，并在乎他人的意见。紧张、悔恨和遗憾等感觉不影响一个人的核心身份，但羞耻与放弃自我的某方面的愿望有关，而内疚则被报告涉及放弃某些行为。同样，羞耻与一个人对自我信念如"自我应该是什么"或"理想自我将是什么"的信念有关。内疚和羞耻往往同时发生，尤其是儿童更容易同时出现。

2. 羞耻感与道德行为

羞耻和内疚都涉及一种责任感和一种违反道德标准的感觉。内疚着重可以让事情更好，就是道德程度更高的情感。羞耻，着重不道德行为，是由非道德的情况和问题（例如社会不适当的行为，破坏社会公物、诽谤、偷窃等）引发的。

内疚和羞耻均可以预测外在行为表现。如羞耻感通常与攻击性行为相关度较高。在成年人中，评估问题行为与罪恶感、羞耻感和内疚感的关系时，羞耻感与问题行为呈正相关，但内疚却无明显相关。

也有人认为个体性格中的情感调节很可能与体验内疚和羞耻的倾向有关。研究显示，成年人个性化调节内疚和羞耻的方式与恐惧、敌意、焦虑和悲伤有关。

在羞耻和内疚情绪状态之下，个体的移情反应更为明显。移情是人将对某一事物或某一人的情感迁移到另一事物或另一人身上的心理现象，它源于对他人情绪状态的理解，类似于他人的感觉或预期感受。如果一个孩子看到一个悲伤的人，并因此感到悲伤（即使孩子在初级水平上区分了他或她自己和其他人的情绪状态或情况），那么这个孩子正在经历移情。

内疚与成年人自我报告的移情反应有正相关，而羞耻则是负相关的。羞耻更多带来个人痛苦，而内疚情况下人们会出现更多的移情行为，比如将自己的内疚感带来的补偿行为转移到其他人或者物上，且在成年人中比儿童更强烈。但也有学者认为，羞耻和内疚之间并没有明显区别。

3. 羞耻感的个体差异和影响因素

羞耻感与个人性格的关系很少被研究。一般认为情绪调节良好的孩子，他们能对自己的情绪进行较好的管理，因此他们产生的羞耻感就比较少。母亲对 7 岁儿童的自我管理能力的评价（包括努力控制、注意力调节、自我抑制等）与报告的内疚 / 羞耻呈正相关。在一项针对 2 至 6 岁儿童的研究中，仅在女孩中发现，自我管理能力与不当行为后的负性情感有关。

幼儿与年长孩子的内疚感并不相同。在情绪上，幼儿的内疚感可能融合了羞耻、内疚和恐惧感，而且内疚的意义与年长的孩子也不同，因为年长的孩子能更好地理解责任和因果关系，而幼儿并不能辨认事情的因果。

羞耻感和内疚感均与个体消极情绪相关，但相关程度不同。羞耻、焦虑与负性情绪（比如愤怒、焦虑）呈正相关，内疚与各种负面情绪无相关或者弱相关。在幼儿时期，内疚或羞耻与其他负面情绪之间的联系似乎主要发生在女孩身上，但恐惧与男孩的内疚有关。然而，存在一种可能性是由母亲提供关于儿童内疚和情感的数据差异，可能是来源于母亲对女孩和男孩抱有不同情感表现的信念。

（二）移情

1. 什么是移情

移情源于对他人情绪状态的理解，类似于他人的感觉或预期感受，是对他人情绪的一种情感反应。如果一个孩子看到一个悲伤的人，并因此感到悲伤，即使孩子能够区分那是别人悲伤，但自己也还是依然悲伤，那么这个孩子正在经历移情。

2. 移情与亲社会行为

移情反应通常会与同情、个人痛苦等多种情感同时存在。同情是一种情绪反应，源于忧虑或理解另一个人的情绪状态，这与另一个人的感觉（或被期望感受）不一样，而是由对另一个人的悲伤或关心的感觉组成的。因此，如果一个女孩看到一个悲伤的同龄人，并感到关心这个同龄人，则她正在经历同情。同情反应通常是基于悲伤移情，尽管同情也可能是来源于认知，与从记忆中获取的另外的认知信息有关。个人痛苦是一种自我专注、厌恶、情感的反应，对他人情感的恐惧（例如不适或焦虑），如一个人在看到一个悲伤的人时会感到焦虑或者痛苦。

亲社会行为又叫利社会行为，是指符合社会希望并对行为者本身无明显好处，而行为者却自觉自愿给行为的受体带来利益的一类行为。20世纪80年代，人们对为什么人们有时以牺牲自己的代价来帮助他人以及是否存在真正无私的利他主义有相当大的兴趣。为了揭示这些问题，许多研究者开展了实证研究，表明不管是在成人还是儿童中，同情与亲社会行为之间存在着积极的关系，个人痛苦与亲社会行为之间则存在着消极的关系或者是没有关系。

同情被视为一种促进利他主义的道德情感，而个人痛苦则与缓解自己厌恶情绪状态的动机有关。因此，同情被视为一种道德情感，而个人痛苦被认为会导致利己主义动机的行为。

研究者们继续揭示情景诱导的移情反应与亲社会行为性格之间的关系。在实验室中通常会设置情境以引起同情或者个人痛苦，然后测量与这种情绪相关的亲社会行为。其结果同样表明同情与亲社会行为之间存在显著正相关。

不管是成人还是儿童在同情之下都能产生亲社会行为。儿童在看到他人处于痛苦时的面部、行为和生理反应时，产生与情景或个人相关的亲社会行为。对成年人的研究也证实，同情不仅可以激励特定背景下的道德行为，而且可能导致个人对他人利益的持久关注。例如，诱导成人对被污名化的某个成员感到同情，能在之后几周内发现其对该成员更加友好。但是，同情也可能导致对群体利益的忽视，比如如果必须在某人和群体之间做出选择，那么对某人的利益过分关注则可能导致对他人利益的忽视。

3. 情绪对移情亲社会行为的影响

但是在负性情绪之下，移情过度致使个体产生厌恶，从而更关注个人需求，也会引起个人的痛苦。艾森伯格等的研究表明，消极情绪的唤醒，尤其是悲伤等反思性情感状态会引发自我关注。因此，相对而言，能良好调节个人情绪和情感的个体会体验更多的同情而不是个人痛苦。

成年人在负性情景中进行注意调节（如转移注意力）与个人痛苦得分呈负相关，与同情得分呈正相关。一般而言，人们认为容易体验负性情绪的人常常受到情绪的影响，因此较容易产生强烈情绪特别是悲伤或者痛苦（Eisenberg et al，1992，1999a）。情绪愉悦的人较容易得到满足，能更好响应他人的需求。同情常常与积极情感联系在一起，且研究已经证实同情、移情与负面情绪的强度和频率呈正相关。

此外，成年人对由电影诱导的同情、移情、悲伤和个人痛苦等不同情绪中，悲伤情绪强度与他们的面部反应和心率强度呈正相关。此外，积极的情绪强度与同情呈正相关，与个人痛苦无关或呈负相关。

儿童的移情研究结果与成人不同。Rothbart 等人发现，母亲对 7 岁儿童性格移情评分与婴儿期的愤怒 / 沮丧无关，但与高度恐惧呈正相关。艾森伯格和他的同事发现，儿童同情与父母和教师关于其在学校的负面情绪的强度和频率呈负相关，也就是儿童同情水平越高，其发生负性情绪的可能性越小，负性情绪的强度越小。在成长过程中，愤怒或者焦虑等负性情绪可能会破坏个体同情。比如男孩在观看痛苦的影片之后，生理唤醒（心率和皮肤电导）降低，该低唤醒与低同情相关。但若生理过度唤醒也与低同情有关。

对蹒跚学步的婴儿而言，14至20个月的婴儿保持了较高的同情水平，在模拟负性情景事件中观察到他们表达了更多负面情绪。14个月的婴儿表达更多的积极情绪，移情（同情）水平高的个体比移情（同情）水平低的个体表达更多的积极情绪。

在对学龄前或学龄儿童的研究中，情景性的同情水平与成人报告关于儿童负面情绪的评分呈负相关，情景诱导儿童的悲伤面部表情与成人关于儿童一般情绪强度或负面情绪强度的报告有关。儿童的情景性痛苦反应有时与消极情绪呈正相关。因此，情景移情、痛苦和悲伤似乎与童年时期的消极情绪和情绪强度呈正相关。

总而言之，同情与个性情绪反应的强度和一些负面情绪（悲伤）呈正相关，尤其对成年人而言。但这并不意味着有同情心的人一定会对引起移情的刺激做出强烈反应。有证据表明，有同情心的个人具有较好的情绪调节能力。此外，频繁的负面情绪的报道往往与低同情有关，情绪困扰和移情与消极情绪强度和／或消极情绪的频率呈正相关。

负性情绪的强度如愤怒和悲伤与同情在一定程度上相关。如果个体未能根据需要调节自己的情绪，那么在高强度的负面情绪之下，他们就会感到痛苦，而他们的移情反应也会被这种负面情绪淹没。

在一项纵向研究中发现，在6~8岁的儿童中，其由教师报告的情绪强度调节与儿童的同情水平存在相关。无论儿童同情水平高低，也不管他们的一般情绪强度如何，情景性的情绪会淹没他们的同情，也就是说在儿童时期，情景性情绪容易让儿童失去同情。对于情绪调节水平更高的儿童，同情水平会随着一般情绪强度的增加而增加。因此，当儿童处于紧张状态时，若情绪调节适度，其同情水平仍然较高。两年后，在情绪调节能力和一般情绪强度之间，对儿童的同情水平的预测仅仅适用于男孩。此外，在这个年龄段，那些不容易体验强烈情绪的儿童，关注自身以外的事件的能力较强，这可能有助于促进对他人信息的获取，从认知上产生同情。

移情相关反应的研究一直是亲社会行为研究的热点。很明显，同情与亲社会行为正相关，而个人痛苦对亲社会行为产生消极反应或者与亲社会行为无关，但关于同情动机的性质仍然存在争论。另一个焦点是情绪调节能力与移情相关反应的关系，特别是气质或人格这些方面的影响。最近的研究显示，负面情绪与移情相关反应呈负相关，但这种关系随移情相关反应的类型以及负面情绪的维度（强度或频率）和类型而变化。

（三）内疚、羞耻和移情的发生

内疚是指对一件事情或某个人心里感到惭愧而不安的一种心情。内疚是一种非常重要的自我意识情绪，同时也是一种道德情感。一个缺乏内疚感的孩子，不易对自己的过错进行反省，很难认识到自己的错误并改正错误，更不会因为自己的错误而做出弥补性的行为，这将阻碍他们良好道德品质的形成以及责任心的发展。

人们对内疚感出现的年龄存在一些分歧。有研究者认为三岁左右会出现内疚和羞耻感，内疚感的出现与儿童的认知发展有关，一旦儿童能够清楚地认识到自我与其他人不同，并且有了一些行为标准，就能够用这些标准来评估自己的行为。

Hoffman报告了儿童亲社会行为和补偿行为（被认为是罪恶感的标志）出现的顺序，认为二者均来自生命早期的移情能力。根据他的理论，在生命的第二年，儿童区分自己和他人内在的能力快速发展，也能对他人的痛苦进行同理（移情）。在Hoffman看来，儿童首先以自我为中心感受、回应他人的痛苦，但接下来，他们从他人角度回应的能力快速发展。同情受害者，再加上意识到一个人给另一个人带来痛苦，导致内疚感的产生，并激发补偿行为。此外，同理心或同情心往往会激发亲社会行为，即使孩子没有给他人带来痛苦。

与 Barrett 和 Hoffman 的观点一致，其他研究者的研究结果也显示，2岁的孩子有一些对和错的意识，并能根据对错判断做出补救行为。34个月大的儿童对道德和犯罪之间的差异有一定理解。2～3岁的儿童经常表现出表明同理心的情绪反应，并在应对自己的错误时采取补救行为。

根据儿童照料者的报告，儿童从 14 个月到 24 个月出现内疚感，悔恨发生在 14～18 个月到 30～40 个月左右，对错失行为的不满、道歉、遵守行为标准以及对他人错误行为的关注发生在儿童 21～33 个月到34～46 个月。因此，内疚的雏形出现在 3 岁之前，而且随着年龄的增长而增长。

移情能力随着儿童年龄的增长而增长，但在不同年龄是否表现出更多差异尚不清楚。

有研究表明，两岁儿童的羞耻感和内疚感之间存在差异。Barret 等观察了蹒跚学步的孩子的反应，当他们独自玩实验者提供的布娃娃的一条腿脱落之后，一些孩子表现出与羞耻相关的行为模式，比如避免接触实验者（如目光回避、主动回避）、推迟告诉实验者这个事实，即回避型行为模式。而一些孩子表现出与内疚相关的行为模式，即补偿型行为模式，比如他们很快修复了娃娃，在实验者回来后不久就告诉实验者事实，并且对实验者的回避相对较少。根据儿童父母报告，补偿型儿童比回避型儿童在家表现出更多内疚感。

良心的发展与道德行为有关。Kochanska 等人（1994）发现，26～41个月大的儿童即有良心相关表现。照料者报告，该时期的儿童对违纪会表现出情感不适，并出现自发补偿、忏悔并试图规范行为的儿童在实验背景下比同类人表现出更少的违纪行为。

（四）内疚、羞耻和移情的社会化

社会化是个体在特定的社会文化环境中，学习和掌握知识、技能、语言、规范、价值观等社会行为方式和人格特征。通过社会化，个体学习社会中的标准、规范、价值和所期望的行为。儿童道德情感的社会化过程受到多种因素的影响，更多研究揭示了家庭教养、父母特征对儿童道德情感的影响。

有研究者评估了儿童的负罪感或良心与父母做法和养育方式的关联。教养方法主要有两种：一是父母应用归纳推理技术引导孩子对行为进行推理认识，比如"你把道格咬哭了，所以咬人是不好的"；另一种方式是使用惩罚或者威胁，比如"你把道格咬哭了，你不准再玩这个玩具了""你再咬人，我就打你"。父母的引导被认为可以促进儿童同情发展，帮助儿童了解父母期望以及以道德方式行事的原因，尤其是父母在引导的过程中充满情感和爱。例如，Krevans 和 Gibbs（1996）发现，当父母频繁使用引导的方式帮助儿童归纳推理形成行为纪律时，孩子具有较高的移情/同情水平，移情和内疚的结合水平也很高——这反映了其他导向的、基于移情的内疚。此外还发现，母亲提到在与 4 岁的孩子谈话中，孩子的感觉、需求、意图和道德评价陈述与孩子的内疚、悔恨和对过失或不幸的情感相关，也与其内化规则的遵从性有关。

但是也有研究显示，撤销对孩子的爱与孩子移情、内疚水平并不存在相关。例如，Krevans 和 Gibbs 发现，移情、同情或内疚水平与父母使用惩罚作为纪律约束之间并没有关系。而 Ferguson 和 Stegge 认为，父母撤回对孩子的爱与孩子的内疚和羞耻反应具有典型高相关性，但也可能反映了这种普遍的情况——父母撤销爱的惩罚导致的内疚来自自我评价而不是基于移情。此外研究者发现，内疚感、羞耻感与父母在消极情况下的愤怒有关，也与父母在积极状态下的骄傲反应有关。

孩子个性调节了父母对孩子的良心的社会化训练。研究发现，8～10岁具有易焦虑和恐惧特质的儿童关于违法行为的移情和内疚程度，他们此时的情感/道德取向以及其对补偿的关注度与儿童母亲对该行为评判的尺度呈正相关。在两岁的儿童中也发现类型的情形。因此研究者认为，对于具有易焦虑和恐惧特质的儿童来说，温和的母亲纪律教育会取得最佳的、适度的焦虑唤醒。当儿童违反纪律的时候，适度的焦虑唤醒被视为儿童能对违纪信息进行最佳的处理，从而关注纪律和规则信息。

母亲和儿童之间的相互积极影响或安全依恋与儿童的良心和同情呈正相关。母亲和儿童之间积极的互动对于恐惧感较少的儿童的内疚感发展特别重要，因此，父母和孩子之间的人际取向增强了儿童的道德情感的社会化过程，这一发现与儿童的气质调节父母社会化相关行为与良心发展之间的联系这一概念相一致。

此外，父母以下特征与儿童同情的发展相关：①父母高度同情水平；②父母允许子女表达不伤害他人的负面情绪；③家庭关系中较低水平的敌对情绪；④父母如何帮助儿童应对负面情绪；⑤父母如何帮助儿童关注和理解他人情绪。

父母的愤怒和缺乏纪律性（比如缺乏引导、爱的撤回、惩罚）可以预测儿童的羞耻感。父母对儿童的适当行为缺乏积极反应也可能导致羞耻感。羞耻和内疚的结合是由父母一系列教育行为比如引导、爱的撤销、适当的惩罚形成的。

也有研究显示，评估儿童在5岁时养育方式与其12岁的自我评价的关系发现，12岁儿童感到"有罪"、被认为无能和不符合自己标准的报告与父母在5岁时的行为限制和拒绝有关。因此，儿童羞耻感的发展与父母的愤怒、拒绝和缺乏适当的纪律之间存在着积极的关系。

在一个家庭中，若母亲有抑郁症，其子女特别是女孩会产生慢性内疚或者不合理的内疚感。

Zahn-Waxler 等人研究了母亲抑郁的 5 至 9 岁儿童对人际冲突和痛苦感的叙述，发现这些儿童表达了不正常、扭曲和未能得到良好解决的认知倾向，他们将不明确责任的负面事件的责任归咎为自己。错误的责任可能是基于对幼儿，特别是抑郁母亲的女儿的内疚和同情的融合，这使得他们特别容易受到关于自己的责任和对他人问题的指责的错误信念的伤害。与正常母亲相比，抑郁的母亲在与年幼子女相处过程中会更加容易生气愤怒和内疚，导致她们的孩子经常暴露在这些情绪中。此外，反复接触悲伤的照顾者可能会增加儿童感到需要负责任的可能性。此外，抑郁的母亲可能会传递一种消极的归因方式（"这是我的错"），当他们的母亲由于抑郁而变得不那么投入的时候，他们的孩子可能会有更多的退缩行为。

由此可见，从道德行为的情感要素，到情感要素对道德判断、道德认知的影响，无不充分体现道德的心理要素。应用道德的情感要素培养道德认知和行为，无疑会促进形成良好的道德行为。

第五章　心德共育
——心育赋权为德育增能

一、心德共育

（一）德育和心育的关系

1. 德育和心育的区别

心理教育与道德教育都是教育整体中的有机组成部分，各自从不同的侧面来影响人的全面发展。它们之间的区别表现为任务不同、过程不同、内容不同、途径不同、方法不同。分清两者的区别，特别是途径和方法方面的区别，只是就其各自的特殊性出发，也是理论研究之必要。

有研究者探讨了德育与心理辅导的区别，认为德育旨在塑造个人的完善的道德品行，心理辅导旨在塑造个人的完善的人格；德育使人达到"君子"的境界，心理辅导使人达到凡人的境界；德育的核心问题是人生观问题，心理辅导的核心问题是成长问题；德育在于提高个人对国家与社会的归属感与自豪感，心理辅导在于提高个人的价值感与成就感；德育使人更好地了解社会及个人的关系，心理辅导使人更好地了解自我及其成长的过程；德育是一个教育过程，心理辅导是一个讨论过程；德育以示范与社会学习为基本手段，心理辅导以尊重和理解为基本手段；德育成功的关键在于实事求是，心理辅导成功的关键在于同感。这对于我们认识心理教育与道德教育之间的区别是有所启发的。

2. 德育和心育的联系

心理教育与道德教育是相辅相成的，其共同之处在于对人格的培养，对人的发展促进；其不同之处在于心理教育侧重的是个体的心理素质和心理健康，而道德教育所侧重的是个体的道德品质和道德行为。

在目前中小学教育实践中，存在着品德教育与心理教育的错位与混淆，如教育者本身角色的混淆，学校的品德教育与心理教育内容上的混淆，家庭教育中品德教育与心理教育的混淆。这既不利于品德教育的实施，也同样妨碍心理教育的开展。在某种程度上，心理教育并没有从品德教育中分化与超越出来，构成相对独立的、有自身独特教育规律的教育体系，这也使得品德教育和心理教育都不能很好地发挥各自的功能。

心理教育对道德教育的作用主要表现在：第一，开展心理教育，发挥学生主体参与，有助于德育新模式的形成；第二，开展心理教育，发挥情感的作用，有助于德育实效的提高；第三，开展心理教育，塑造学生人格，有助于德育目标的实现。

也有学者认为心理教育进一步扩展了道德教育的内容，丰富了道德教育的方法，增加了道德教育的途径，巩固了道德教育的基础，强化了道德教育的地位和功能，使道德教育在新的历史时期与其他各育形成了更为和谐的统一。

心理教育为有效地实施德育提供了基础，扩充和完善了道德教育的目标和内容，为道德教育工作提供了有效的方法和科学的依据。

心理教育对道德教育的作用和功能主要有：一是补偿功能，如观念补偿、方法补偿、内容补偿；二是指导功能，如在对象研究上为德育提供了客观基础，在方法上提供了理论基础；三是调节功能，如克服意义障碍，建立良好的心境，矫治心理疾病。

可以看出，目前国内学者都肯定实施心理教育有助于提高德育的实际效果，在加强和改进道德教育方面产生了积极作用，但对心理教育与道德教育相互作用的研究，大多集中在探讨心理教育对道德教育的积极作用，而在道德教育对心理教育的作用方面研究较少，有影响的代表性成果还不多见。

（二）德育和心育的融合

心理教育与道德教育的结合，不是二者的简单相加，而是指二者的有机联系，其理想状态是二者融为一体，并把这种教育活动称为"心理—道德教育"。这是一种"以心育心，以德育德，以心育德，以德育心"的教育过程，其目的就是要促进和实现人的人格现代化。

二者结合的基本思路是：以道德教育为导向，以心理教育为基础，促进学生素质全面发展。经过参加课题研究的试点学校的实践探索，心理教育和道德教育的"一体化"整合构建，不仅是十分必要、合理的，也是完全可能和可行的。只有真正建立了有机结合的"一体化"工作格局，心理教育与道德教育才能相得益彰，共同发展，共同繁荣。

对于心理教育与道德教育的有机结合，我国教育理论界已有初步的共识：二者有机结合，协同发展，发挥各自的优势，做到思想同心、目标同向、工作同步，能够产生显著的优化作用，促进学生德智体美全面发展。这是开创我国学校德育新局面的一项有力措施，是提高德育实效性的重要途径，是实施素质教育的一个切入点。

近年来，国内不少人能比较敏锐地从教育实践中发现问题，联系实际开展研究，针对青少年在心理发展方面存在的问题而提出一种"心心教育"的道德教育模式。有的专家把这种颇具代表性的道德教育模式归结为"五心教育"，即"爱心献给社会、忠心献给国家、关心献给他人、孝心献给父母、信心留给自己"。也有学者把这种教育归结为"六心教育"，即"热心献给他人、孝心献给父母、爱心献给社会、忠心献给祖国、关心献给环境、信心留给自己"。显然，这种教育模式也是道德教育与心理教育有机整合的产物。在我国各级各类学校教育实践中，出现了很多道德教育与心理教育相互结合、融为一体的情况。在这种"心理—道德教育"中，在教育者组织、指导下，教育者与受教育者相互交流、平等讨论、"我—你"对话，做到"以心育心，以德育德，以心育德，以德育心"，有效地将心理教育与道德教育结合起来。

综上所述，心理教育与道德教育并非分庭抗礼，唱对台戏，而是异曲同工，殊途同归，它们是相辅相成的两种教育，好比鸟之两翼、缺一不可，只有两翼同时扇动才能飞得既高又远、既快又稳。而心理教育与道德教育"一体化"的整合构建，不仅是十分必要的，而且是完全可能和可行的。两者的"一体化"整合，既体现了心理教育的中国特色和本土化，更反映了新形势下加强和改进道德教育的必然趋势和要求。只有真正建立了"一体化"的工作格局，心理教育与道德教育才能相得益彰，共同发展，共同繁荣。

二、赋权与心理赋权

（一）赋权

"empowerment"是一个被国际社会广泛用于社区发展、心理学、教育、经济、社会运动等领域的概念，中文译有"赋权""授权""赋能""充权""增权""增能"等不同说法，尚未统一。从各领域应用情况来看，"empowerment"的含义大体可分为"权""能"和"权能并重"三类，"权"类强调权力的拥有、给予或分配；"能"类强调个人能力增长；"权能并重"则是兼顾权力与能力。那么，究竟何种含义较为准确呢？

"empowerment"的思想兴起于 20 世纪六七十年代，始于受压迫民族或群体意识的觉醒，伴随着世界反种族歧视运动、女权运动、反压迫运动等政治运动逐步进入人们视野，几乎与"emancipation"（解放）一词同义，指为社会受压迫群体、受歧视群体增加社会权力的过程。随后，"empowerment"成为社会工作的一个重要途径，并且应用于精神健康、公共卫生、人文服务等实践领域，其关注于挖掘和激发社会边缘群体、少数群体的主观能动性，提升其权力和社会参与的热情，使其能够掌控自己的生活。美国著名的社区心理学家拉波特（Rappaport）认为"empowerment"就指个体能够尽可能地掌控自己的生活。

随着"empowerment"理论研究的深入，许多学者更愿意将"empowerment"看作是心理学上"自我效能"的激发状态，指提升强烈的个人效能意识，以增强个体动机，达到感知能控制局面的过程。可见，在不同时期、不同领域、不同层次，对于"empowerment"的理解是各不相同的。然而对于"empowerment"的实现模式，国内外学者却有着较为一致的认识，即"个体主动模式"，强调有增权之需的个体（包括有增权之需的群体）能够发挥自身的主观能动作用，通过采取恰切的方式，得以自我觉醒、自我激发，从而启动增权、增能过程；"外力推动模式"，强调借助外界力量来激活、激发相关弱势个体或弱势群体，并通过主客体之间关系的不断建构与循环互动实现增权、增能的目的。其包含了两层含义："authority"———外界赋权和"enable"———内在增能。《新韦氏国际词典》对于"empowerment"

的定义是"赋予某人权力或权威做某事；使某人能够做某事"，恰恰也包含"赋权"与"增能"两方面含义。综上所述，"empowerment"译为"赋权增能"更为合理。

赋权理论的提出，对社会工作的影响和改变非常大。比如，在助残领域、扶贫领域，不再是简单地给予帮助、提供资金，而是致力于帮助残障人士和贫困人士成长，让他们自己有能力解决生活中的困难。人力帮助或资金支持终究无法持续一生，而残障人士和贫困人士只有自我成长，才能真正走出困境。"如果拯救但不赋权，反而会使压迫永远存在。拯救与人们的无力感之间，有着一种共谋关系。"[①]

各种赋权的形式，是靠着反性别歧视、反种族歧视、反身障歧视、批判性的反压迫运动而发展起来的，但其历史渊源是维多利亚时代中期的自助传统。自助是人们借以帮助自己的方法，是赋权的一种形式。"每一个实现自助、自修、自我发展与自我教育的方法途径，都具有赋权的向度"[②]，"赋权意味着对其反赋权的状况提出异议，对其生命有更多的掌控能力，并且带来改变。"[③]

"赋权增能"是一个动态的、跨层次的、关系性的概念体系，包括三个层次：宏观上强调社会行动和社会改变，是社会弱势群体改变自身地位、争取社会权力的过程；中观上关注个人、组织和社区的发展，是通过参与行动和权力分享，提升其控制力和影响力的过程；微观上注重个人心理变化，是主体增强个人权力感和自我效能感的过程。

① 任子辛. 赋权视角下城市基层社区治理路径探析［D］. 长沙：湖南师范大学，2021.

② 任子辛. 赋权视角下城市基层社区治理路径探析［D］. 长沙：湖南师范大学，2021.

③ Begum A, Jingwei L, Haider M, et al. Impac of Environmental Moral Education on Pro-Environmental Behaviour: Do Psychological Empowerment and Islamic Religiosity Matter？［J］. Int.J.Environ. Res.Public Health, 2021（18）：1604.

"赋权增能"的价值取向在于：引导个人、组织、社区或社会群体采取积极主动的态度，参与或影响事务决策的过程，通过行动来改变处境，提升自己的权力和能力，从而使得整个社会的权力结构更趋公平。

（二）心理赋权

关于赋权的早期工作源于两个工作激励框架：工作特征模式和班杜拉关于自我效能感的模式。这两种不同的基础文献产生了两种不同的赋权概念：结构性和心理学性。

结构赋权建立在工作设计和工作特征研究之上，其核心是权力和责任从高层管理者转移到员工之上。因此，结构赋权主要涉及组织条件（例如，工作的各个方面、团队管理、政策和程序的组织安排），通过这些方面共享权力、决策和对资源的正式控制。相比之下，心理赋权关注的是个人或团队，认为他们正在控制自己的工作。

心理赋权与班杜拉（1977，1982）自我效能感的工作有关：它不太关注权力和责任的实际转变，而是关注员工对赋权的看法或认知状态。在这里，关键是个人需要相信他们可以自己完成某项任务，因此，根据动机过程来定义心理赋权。

心理赋权的重点是让个体相信自己可以控制某一任务。Conger 和Kanungo（1988）将心理赋权定义为"通过正式组织的实践和提供有效信息的非正式技术，通过消除导致无力的条件来增强组织成员之间自我自信感的过程"。

心理赋权被概念化为由两个或四个维度组成。

二维的观点侧重于个体对权力和责任的赋权的看法。例如，Hechanova-Alampay 和 Beehr（2001）将赋权定义为涉及团队成员对工作结果的感知权威和责任。Hyatt 和 Ruddy（1997）采用了这一定义和团队层面的二维观点（权威和责任）。然而，虽然这种二维概念存在于团队心理赋权文献中，但在个人和团队层面的主要观点是非多维结构。Thomas和Velthouse（1990）在自我效能感的基础上，扩展了康格和卡农戈（1988）早期的定义，表明赋权类似于任务动机，包括四个维度：意义、能力、自决和选择，认为心理赋权不是一种组织干预或性格特征，而是当个人感知到自己被赋予权力时所达到的一种认知状态。

Spreitzer（1995，1997）根据现有文献进一步完善了这一框架，并开发了一种多维工具来评估个人层面的心理赋权，包括以下内容。

（1）意义：任务的目标和信念或价值观之间的契合；换句话说，它是个人对任务的关心程度。

（2）能力：个人对他们熟练地完成工作活动的能力的信念。

（3）自决：考虑了一个人对即时行为和过程的自主感或控制感，并反映了启动和调节行动的选择。

（4）影响：个人认为他们的行为产生影响的程度，或他们对行为结果产生影响的程度。

总之，这些维度捕捉到了一种对工作的动态状态或积极的方向，当所有四个维度都很高时，心理赋权就最高了（Spreitzer，1995）。在个人层面，心理赋权水平与积极的自我评价特征呈显著正相关性（Erdogan and Bauer，2009）。高水平的成就需求（相信一个人是有能力的）与心理赋权四个维度有关。相比之下，对权力的需求（认为自己有影响力和处于控制之下）只与能力有关。越来越多的文献考虑到个人核心自我评价对心理赋权的影响。

心理赋权是指内在任务动机增加的状态，包括四个认知组成部分：意义感、能力、自决和影响。这些认知发生在人体内，并反映了从任务中获得的积极经验它本身。关于工作积极性和工作参与的研究显示，心理赋权与工作积极性和工作参与性成正相关。

（三）心理赋权对道德有关行为的影响

心理赋权最早在管理领域中进行研究，发现心理赋权与个人绩效结果之间的正相关关系，如工作满意度、组织承诺和任务绩效。心理赋权也被证明会影响创造力、创新行为、组织公民身份和职业成就。许多研究的结果表明，赋予人员权力会影响责任、生产力和管理质量，降低成本，增强组织忠诚度和信心，以及组织创业精神。其他研究的结果还表明，增加心理赋权可以减少员工流失、疲劳和工作休假，提高管理质量，提高患者满意度，提高职业满意度，并降低员工流失率。

1. 心理赋权对环境道德和环保行为的影响

心理赋权在一定程度上调节了环境道德教育与亲环境行为，与环境道德教育与亲环境行为正相关。赋予学生保护自然以及对环境友好的权力会显著提升学生亲环境行为。具有高度心理赋权感知的个体认为他们在保护自然方面具有更大的自我责任感。因此，他们将更愿意执行有利于环境的行为。

2. 对道德勇气的影响

道德勇气主要是指当一个人无法按照正确的道德行事时，帮助他们不顾后果地尽量努力实现目标，为此他们会在考虑道德原则时做出不容易做到的正确行为。道德勇气与道德评估的概念有关。比如对正义的敏感性、对情绪和行为的控制感（如情绪自我调节和自我效能）。

在一些职业如医生、护士、警察、战士、消防员等或者一些特殊情景中选择做出某种行为时，需要道德勇气。如医护人员面临忍受临终病痛的患者时，道德勇气使其倾向于执行道德规范，帮助患者减轻痛苦和痛苦的症状，与患者及其家属有效沟通，与医生合作；倾向于认识到他人的痛苦，对他们的敏感表达同情和善良，帮助有需要的人，做一些事情减少他人的痛苦和苦难，挑战现状。

当日常工作（如医护工作）中面临着一些需要解决的道德问题时则需要识别伦理问题，需要道德敏感性，以及对伦理原则的认识。但仅有道德敏感性和知识是不够的。如果个人价值观和标准符合公认的医疗保健价值观，护士应该具备道德勇气，在被认为符合伦理正确的基础上开展工作。

心理赋权是使个人能够应对精神压力和工作压力源的适当解决方案。研究显示，道德勇气与心理赋权之间存在显著相关性。增强心理赋权有助于提升医护人员的道德勇气，使其面临道德冲突情况时能做出正确选择。一个有能力的医护人员能够在压力下采取行动，抵制批评，并且毫无畏惧地按照自己的表现和专业定位行事。

Zahed-Babelan 等还揭示道德行为具有较高的心理赋权路径系数，可以被认为是赋权或发展护士道德勇气的有影响力和强大的因素。此外，Sadooghiasl 等人将伦理和科学能力、自我建构和理性主义称为道德勇气的前身。他们还将组织的保护环境和道德氛围视为促成道德勇气的一个因素。库卡宁等人将勇气、坚韧和自尊描述为有能力的护士应具备的品质。这样的护士在决策中勇于承担责任。

赋权也被广泛应用于健康促进领域。健康促进赋权的目标是赋予个人和社会权力，以便他们可以在健康领域做出最佳决策，同时考虑到健康决定因素的重要性，这些因素在物理和社会氛围中非常重要。赋权在此可以指权力、控制和自尊的心理感受，这导致患者重视自主权，从而对参与医疗保健决策产生兴趣和愿望。

当患者对自己的健康状况了如指掌或能够获得有关其自身健康状况的关键信息时，他或她将成为医疗保健领域的专家和平等参与者。从这个意义上说，赋权需要个人做出促进健康的决定的能力和动机，这些决定源于他或她自己的知识和专长。健康素养研究通常假设知情或专家患者将在心理意义上获得赋权。调研结果显示，健康素养介导了心理赋权与参与者必须做出最后治疗决定的实际参与之间的关系。

另外，研究也发现心理赋权与健康饮食、慢性病自我管理、癌症患者等的自我健康行为具有相关性。

三、赋权教育与赋权心理教育

我们提到教育的终极目标是实现人的发展，促进具有个体差异性的生命价值的实现，如果让不同的人在其原有生物和社会文化基础之上进行颇具个性化的自我发展，显然离不开个人思维和决策。学生的思维由谁来决定，学生的行为决策是否负责、是否得到尊重，则与教育赋权有直接关系。

（一）赋权教育

赋权教育，又称为教育赋权，原本是指给予教育弱势群体更多的教育权力，挖掘与激发教育弱势群体个体潜能的实践活动，且通过教育各方深入互动，形成教育弱势群体积极参与、管理与控制教育资源的教育形态。一方面，让以学生为代表的教育弱势群体将学习主动权控制在自己手中，有利于推动其充分发挥主观能动性，真正参与到学习活动中。另一方面，拥有对学习资源的支配权和主导权，有利于打破传统教学模式，促使师生在民主和谐的氛围中创造性地完成教学任务和实现教学目标。

教育赋权理论的本质在于教育权力的转化与赋予，其具有以下几方面的特征。

一是理念的人本性。教育赋权主张教师不再是知识权威的象征，而是学生学习的指导者和促进者，学生不再是学习的被动接受者，而是知识的主动建构者。教育赋权倡导在课堂教学中，教师要根据学生的实际需要、成长规律、个体差异，制定教学方案、设计教学内容，从而不断地帮助学生主动建构自己的知识和观念。

二是参与的民主性。教育赋权倡导平等的课堂氛围，打破了传统课堂教学桎梏，使教师从"布道者"转化为"学习共同体"的成员。在这样一个和谐的氛围中，能够使学生最大限度地参与到教学中来，通过师生互动、生生互动，使学生自内而外地发挥主体性，真正体现师生共学和教学相长。

三是交往的互动性。经过教育赋权的课堂一改"满堂灌"的单向形态，主张教学即交往，整个课堂就是一个动态的交往过程。在这个动态的交往过程中，不仅有师生间的互动，而且有生生间的互动，教师与学生之间相互作用、相互交流、相互沟通，彼此形成一个真正的"学习共同体"。

四是发展的共生性。教育赋权提倡双向互动的教学模式，通过师生的互动切磋和学生的有效参与，不仅使学生的思维得到发散、认识得到提升，而且无形中对教师提出了更高的要求，形成了共生的发展环境。

（二）赋权心理教育

目前尚未见有学者明确提出赋权心理教育，作为一种教育理念，赋权心理教育强调在教育过程中以学生为中心；同时作为一种教育手段，强调在教育过程中学生的真正参与。

教育部颁发的《中小学心理健康教育指导纲要（2012年修订）》明确了心理健康教育的途径："学校应将心理健康教育始终贯穿于教育教学全过程。全体教师都应自觉地在各学科教学中遵循心理健康教育的规律，将适合学生特点的心理健康教育内容有机渗透到日常教育教学活动……要将心理健康教育与班主任工作、班团队活动、校园文体活动、社会实践活动等有机结合，充分利用网络等现代信息技术手段，多种途径开展心理健康教育。"

在心理健康教育课堂上，注重学生在全身心投入的活动和体验中，获得感悟和成长，因此以设计体验式学习为主，教师引导学生关注自己的心理，鼓励学生自我探索。教育界对体验式学习的定义为："所谓体验学习，就是通过精心设计的活动、游戏和情景，让参加者在参与过程中观察、反思和分享，从而对自己、对他人和环境，获得新的感受和认识，并把它们运用到现实生活中。"[①] 体验式学习理论强调以学生为中心的学习过程，认为知识并非由教师通过讲授的方式传递给学习者，强调学生在学习环境中通过"做中学"来掌握和运用知识。学生要经历探究—发现—反思—运用等几个步骤，从而实现有意义的学习。

在一定意义上，当前心理健康教育课中体验式、参与式、互动式的教学设计均体现了心理赋权式教育。

四、如何实现赋权教育

（一）赋权教育的阶段

有赋权学者论述了青少年教育参与的过程，我们可以结合这个论述来思考所谓教育中的赋权。

这里所讲的参与，是实质性的参与。

哈特将阿恩斯坦的阶梯形象化比较使用到对青少年参与程度的描述中，他设想出八个阶段，最高阶段表示最充分的参与，而最低的两个阶段则是非参与性的。这八个阶段如下。

阶段八：青少年与大人们共同决策。

阶段七：由青少年发起与领导的积极行动。

---

① 刘宣文，赵晶. 学校心理健康教育课程设计与教法［M］. 北京：中国人民大学出版社，2020.

阶段六：由大人们发起的积极行动，与青少年共同决策。

阶段五：青少年是大人们咨询与知会的对象。

阶段四：大人们分派青少年担任特别的任务，并且让他们知道自己如何被安排其中。

阶段三：门面象征主义，表面上青少年有发言的机会，但实际上对于他们如何参与，却没有太大的影响力。

阶段二：装饰，青少年被利用来间接地拉抬一个方案或活动。

阶段一：操纵，为了利用青少年，大人们假装非常重视某个理想目标。

将我们平时所见、所做的教育，对照着放入这八个阶段并不困难。所谓非参与性规训，很显然就属于第一阶段的"操纵"和第二阶段的"装饰"，有时教育者甚至连"装饰"都懒得做。

第三阶段的"门面象征主义"以及第四阶段接近很多常见的"参与式教学"。表面上让青少年发声，但是，教育者早已规划出一个"目的"，如果青少年的发声（讨论）不能最终落到这个"目的"上，教育者便会索性站出来，把"目的"强加给青少年。当然，更大的可能性是，青少年早就知道了教育者的"真心"，其中一些被文化规训了的"乖孩子"或者"机灵的孩子"，会在讨论中顺着教育者希望他们达到的目的进行"讨论"。这样的"参与式教学"，没有体现出赋权所需要的对规训的挑战。

第五阶段看起来像是前往真正的赋权的一个过渡阶段。而第六阶段至第八阶段则真正是我们倡导的赋权。每一个阶段都比前一个阶段赋权更加充分。

另一个关于赋权的模式是晒尔确立的。此模式提出五种程度的儿童和青少年参与，其特色在于以学校为焦点：

●倾听儿童和青少年的声音；

●支持儿童和青少年；

●考虑儿童和青少年的观点；

●让儿童和青少年投入决策；

●儿童和青少年分享权利与决策。

晒尔提出的模式更为简洁清楚，其起点便是对受教育者声音的重视，相当于从哈特八阶段论的第五个阶段开始。

威尔科克斯则提出，参与的赋权过程涉及起始、准备、参与以及维系。将参与的程度分为五个程度，每个程度均通过一个提问来判断。

第一，所表达的声音被听见。提问：大人们是否已经准备好要倾听儿童和青少年的心声？

第二，在表达观点上受到支持。提问：大人们是否已经准备好要支持儿童和青少年，让他们表达自己的观点？

第三，观点被纳入考虑。提问：大人们是否已经准备好要将儿童和青少年的观点纳入考虑？

第四，投入决策的过程。提问：大人们是否已经准备好要让儿童和青少年参与决策？

第五，负起决策的权力与责任。提问：大人们是否已经准备好要与儿童和青少年共享权力？（Robert Adams，2010）

（二）教育赋权的步骤

赋权教育强调了受教育者的自主性，将选择权、决策权还给受教育者。受教育者自主的过程，也是审视、质疑文化的过程。在一个社会文化中，大千世间的万千现象都存在自己的脚本，比如"好孩子""坏孩子""好学生""坏学生"。将这个脚本也就是其本身的传统价值取向传递给青少年，这就是文化的禁锢。而我们强调赋权的过程，便是改造文化的过程。

正如罗伯特·亚当斯指出的：人不仅被动而习惯性地回应文化的召唤，也积极主动地参与文化的创造。

内化与外化，是人在面对文化、回应文化召唤时的两种精神运作。

通过对社会文化的内化，人成为文化人，成为习惯于某一特定文化、生活方式，因而具有某种特定世界观与价值观的人。对于这个特定性，我们就如此这般地接受，视为理所当然，习以为常，不予以质疑。通过外化，我们不仅将我们所内化的东西以具有整体性的方式展现在我们对既有文化的回应当中，同时，我们也可能通过批判性参与、醒觉、反思与对论，在既有的文化基础上改变文化，积极地创造新的文化。（Robert Adams，2010）

从赋权教育的角度看，内化便是现有的主流社会的脚本被受教育者吸收的过程，而外化则是受教育者反思这个脚本，对它进行丰富与改写的过程，也就是赋权的过程。个体的赋权，又转而影响到文化。所以，参与、醒觉、反思、对论，也可以视为赋权的四个步骤，或者四条途径。

1. 参与

习惯性的文化参与，往往发挥着巩固特定文化秩序、强化既有权力结构的作用。而赋权实践所强调的"民主式参与"，却"势必会挑战到家庭、团体、组织和社会中传统的甚至是压迫性的权力结构，并且能提供受排挤和鲜为人知的民众行使权力的途径"。（Robert Adams，2010）

在接受教育的过程中，受教育者是习惯性地参与（规训），还是民主式参与（赋权）？在民主式参与中，受教育者发挥比较积极的作用，有比较大的选择，行使比较多的权力，并且对于教育的内容、形式、方法有贡献。

赋权实践中包含参与文化的积极转向，这种积极转向涉及对传统压迫性的权力结构的质疑、抵抗与挑战，从惯性地参与转为批判性地参与。在这个过程中，受教育者的主体性得到了呈现。

2. 醒觉

提高批判意识需要一种个体随时处于面向世界、面对自己的持续的"醒觉"过程。在醒觉之中，个体得以对自身、对世界投以清醒的批判性意识与觉察。这种批判性意识的提高，必然是在个体面向世界的持续醒觉中发生的。

对于教育而言，这个醒觉便是受教育者对教育的醒觉，不是简单的接受，而是投入了自己的思考。反思与对论，推进个体醒觉意识的持续转变。

3.反思

反思是针对行动进行思考，在行动中反思。

这不仅关乎前述关于个体醒觉（提高批判意识）的推进，关乎实践者与其同侪或民众在与他人对论的过程中，对个体醒觉所朝向的、对论所指向的世界进行批判性思考，同时，也关乎深化自我觉察与自我批判的反身性运动。

反身性涉及我们自身的那些领域，包括价值、知识、思考、感觉、敏感度、自我察觉………我们使用这些感受和自我认知，来帮助我们了解所接收到的信息，并对其进行批判性的反思与行动。反身性运动的自我觉察与批判，是对"自己的"行动、价值、知识、思考与感觉方式等保持一种持续的醒觉距离，醒觉我们可能惯常认为"自己的"那些东西所具有的历史与社会文化的建构性。（Robert Adams，2010）

赋权教育，注重推进受教育者的反思。这种反思精神也可以视为批判意识，它在实现赋权的过程中是非常重要的。赋权式教师必须一直保持开放的大脑，乐于接受新事物，乐于质疑旧传统，乐于反思。他们自身这样做，才能带动学生也这样做。

4.对论

赋权教育鼓励学生思考和辩论，鼓励不同观点的交锋。这在赋权理论家那里被称为对论。

超越压迫与赋权民众的实质过程，其关键在于人与人之间的对论。那是在人与人之间以世界为中介的相逢，其目的在于命名世界。

在对论的过程中，对世界，对其可能的转变，以及造成其转变所可能采取的行动进行反思性的论说。在论说的过程中，每个对论者在相互的辩论中，在对任何简便观念的批判性理解中，对共同指向的世界进行创造性的命名。

文化人活动在两种对论的过程中：与他人对论（包括想象中的他人）以及与自己对论。任何的对论都是在不同的信息之间进行沟通。

任何对论关系，都必须有自我中心的能动者的主动投入、参与，才让对论活动成为可能，但这种自我中心的人不是唯我独尊的全能者，而是在持续地感知世界、在世界中行动以及在与世界的关系中建构意义的文化人、社会人。

我们总是活在文化行动中，差别在于行动的目标指向是宰制或解放，以及行动的性质是反对论或对论。

反对论行动的目标，无论明的暗的，都是在社会结构内部维系着推动该社会结构得以运转之代理者的有利局面，绝不可能接受该结构完全彻底的转变。其目标是宰制。但是对论的文化行动，其目标是解放。对论，是对论者反思与行动的过程，是批判并同时思考的过程。"只有要求批判性思考的对论才有能力产生批判性思考。没有对论就没有沟通，没有沟通就不可能有真正的教育。"①

对论是一种创造性的活动，对论代表的是：别人不能替我定义世界，以及如何理解世界。

然而对论也不能是一个人宰制另一个人的诡辩工具。

在赋权教育中，对论可以体现为多种观念的碰撞，体现为学者间的观点呈现、激烈辩论。这个过程的目的在于解放，让受教育者从二元模

---

① 方刚. 中学生性教育教案库［M］. 北京：中国人民大学出版社，2005.

式的思维中解放出来,从单一观念的压制中解放出来,从而获得人的解放。

五、赋权式心德共育

（一）心德融合的现实基础

在中小学校中,德育课程一般是指主题班会、道德与法治或者思想政治学科课程。心育课程与德育课程在三个方面存在共性,为心德共育提供现实基础。第一,主题选择相似。两者均为"德育"范畴下开展的活动,因此,两者所涵盖的话题很容易出现交叉重叠现象。比如,它们都会分析自我问题、探讨情绪的管理、钻研学习中的种种现象、引领人际交往的导向等。第二,教学方法相似。德育课程与心育课程所选用的方法几乎一致,如认知法、操作法、讨论法、角色扮演法、行为训练法等方法,均广泛应用在主题活动设计之中。第三,操作形式相似。德育课程与心育课程均以一位老师为核心,在其组织下,在教室里面向全班学生进行为时一节的授课。

两种课程虽然较为接近,但是二者之间仍有区别。德育课程的侧重点主要在于培养学生正确的人生观、价值观,促使学生形成符合社会要求的道德品质,即最终是为了形成一种共识,得到一个统一的结论。而心育课程往往侧重于学生心理素质的提高,引导学生形成有利于个性发展的心理品质,因此它更多地倾向于让学生自己去得出结论,而且尊重基于不同体验而产生的不一样的结论。但两者最终目标是一致的,均是为了学生更好地适应社会的需求,形成健全人格。

（二）心德融合的途径

在中小学校现实中,德育课程有较充分的教学时间,但心育课程教学时间明显不足。因此要探索心德融合教学，以心育保证德育有效开展，以德育促进心育养成，在教育内容和形式上相互交叉、相互渗透。王圣春在《五育并举 立德育心》中提到心德共育的方法和途径，即"德育工作吸收心育的基本理念和方法，在德育过程中关注学生的心理动态。基本经验是：（1）心育课堂与德育课堂相融合；（2）营造健康心育氛围；（3）大型德育活动融入心育；（4）德育与心育相互配合；（5）加强对特殊学生的关心和教育"。

在中小学中，心德融合的课堂可以为道德与法治课、主题班会课和心理健康课。心德融合的课堂设计可以从两个方面进行。一是结合心育教学理念设计德育课程，通过心育方法增加德育课程的体验性，如角色扮演、头脑风暴，在尊重个体情意的基础上提升学生对德育课程的参与程度和认同度。二是挖掘德育课程的心育元素，德育和心育在内容上交互融合，用心育方式可以呈现德育中的心育主题，而心育课程也可以融入德育元素，在内容上是相互促进和融合的。以培养人际交往心理素养的"我的名片"心育课程为例，目的是促进学生的自我认识与学生之间的认识，使其在交往中增强自我同一感，拉近学生之间的距离，增进对彼此的关注与理解，创设良好的班级氛围，与德育中团结友爱进行整合。"最佳团队""建塔""拼板"等心育活动课程则有助于增强班级的凝聚力，培养学生的团队合作精神；"价值大拍卖"有助于激发学生思考自己的价值观念，帮助学生体验和澄清自己的人生态度，领悟积极选择和积极生活的意义；"我的父亲母亲""与父母面对面""跨越代沟"等内容有助于激发学生的感恩心理，让其学会理解父母，用积极的方式主动与父母交流，形成和谐的亲子关系；"过桥""成长的花絮""青春期的自我保护"等可以引导学生认识自己青春期的特点，树立两性交往的道德意识，理性处理与异性进行交往过程中的各种问题。以心育的方式处理德育问题，为学生创设体验式的情景，使学生在体验中理解内容，也使德育的教育方式从灌输转变为渗透，从被动转变为主动地吸收，进而取得更好的教学效果。

（三）赋权式心德融合的教学设计

教育赋权的四个阶段为：参与、醒觉、反思和对论。下面逐一说明教学中如何进行参与、醒觉、反思和对论的教学设计。

1. 参与的教学设计

参与并不是一个新鲜的话题。对于"参与式教学"，国内学者钟有为、黄伟做出了如下的解释："参与式教学"乃是一种受教育一方在明确教学目标的前提下，运用一定的科学方式，积极而又创造性地主动介入课堂教学活动，从而获取知识、发展能力和提高素质的教学方法。在心德共育的课堂中，要根据教学目标、教学元素和教学素材，灵活进行参与式教学设计。

（1）角色扮演式参与

角色扮演是一种情境模拟活动，教师为学生创设情境，在学生扮演角色的过程中，引导学生充分体会角色内涵，并尝试多角度解决问题。

（2）辩论式参与

辩论式参与是将话题辩论引入道德与法治课堂，思想的碰撞、即兴讨论总结知识，是提高课堂教学质量、培养学生综合能力、使学生全面辩证地看待问题以及形成团结协作精神的有效方法。

（3）游戏式参与

游戏式参与是指以游戏的方式教学，使学生在轻松的氛围中，在愉快的游戏活动中，不知不觉地掌握知识。游戏式参与法是将"游戏"与"教学"巧妙地结合在一起，从而激发学生学习的主动性和兴趣。

（4）小组合作探究

小组合作探究是指学生为了完成共同的任务，有明确的责任分工的互助性学习。整个探究的过程鼓励学生为实现集体利益和个人利益而工作，培养学生的责任意识，使其在完成共同任务的过程中实现自我提升的目标。

（5）头脑风暴

当一群人围绕一个特定的兴趣领域，产生各种各样新颖的观点的时候，这种情境就叫作头脑风暴。其流程主要包括确定议题、课前准备、确定人选、明确分工、确定规则、把握时间。

（6）教育戏剧

教育戏剧是一种将戏剧与剧场技巧运用于学校课堂的教学方法，通常以创作性戏剧、即兴演出等方式进行。教育戏剧是将戏剧方法与戏剧元素应用在教学或社会文化活动中，让学习对象在戏剧实践中达到学习目标和目的；教育戏剧的重点在于学员参与，使其从感受中领略知识的意蕴，从相互交流中发现可能性，创造新意义。

高效的参与式教学能够运用多种教学方法组织教学，真正体现学生的主体性，鼓励学生思考、体验和发言，给予学生课堂发言的机会，使其参与教学全过程，且身心协同，有多种感官和多向思维动作的共同发展。在教学内容上，参与式教学的教学内容是探究性的，在课堂教学中以问题为导向，学生通过多种形式来挖掘未知，获得知识、能力和价值观。

2. 醒觉和反思的教学策略

个体对于自身和世界的醒觉体现在对自身和世界形成清醒的批判性意识与觉察，反思则是在行动中反思。学生的醒觉表现为批判性意识的唤醒，而批判性思维则是反思的形成。批判性思维也称为"审慎性思维"或"思辨思维"，从词源上我们可以了解到批判性思维是一种基于充分的理性和客观事实来进行理论评估与客观评价的能力。系统来说，其中包含着解读、分析、评估、推理、解释、自我修正等过程。简单来说，批判性思维是独立思考、进行自我反思的思维活动与能力。

著名学者董毓教授指出："批判性思维是一种以理性和开放性为核心的理智美德和思维能力的结合，是一种谨慎公正的分析、构造和发展的过程。"①

传统观念中道德与法治价值导向性明显，如案例应用中，学生一看便知晓教学用意，缺乏自主探究、辩证思考的过程，更缺少质疑的环节。而批判性思维是对这一现状的有效补充，在批判性思维视角下的教学实践中，需要对教学内容进行一定的延伸与拓展，教学方式增加追问、质疑、辨析、实践体验等过程，注重德育与智育的结合，倡导学生在情境中通过辨析、体验、探究、实践获得能力提升和价值认同。可以结合以下教学策略培养学生的批判性思维。

（1）对话式的教学模式

对话式教学强调的是教学建立在理解和交往的基础上，通过交流、对话与沟通予以实施。后现代课程观提倡课堂是师生共同的环境，师生间更是一种民主的、和谐的氛围。给予学生更多的机会去思考、去了解，教师也有机会去更深层地了解学生的真正想法。也因为这样，批判性思维才能更多地产生和运用。

（2）提问与对话倾听相结合

提问是批判性思维的核心和起始阶段，也是教学策略中的首要策略。教育真正的目的就是让人不断地提出问题，思索问题。有效的"提问"意味着教师所提出的问题能够引起学生回答的兴趣，同时这种回答也会反向促进学生积极地参与课堂活动，体现学生的课堂主体地位。提问环节既是教师有效教学的重要步骤，也是学生高效学习的标志。批判性思维是让人敢于提问、善于提问的思维方式，引入批判性思维的一个落脚点就是批判

---

① 董毓. 批判性思维原理和方法［M］. 北京：高等教育出版社出版，2010.

性提问。批判性提问并非质问或寻求正确答案，而是拓展问题以激发人们去思考。批判性思维视野下的有效提问是指那些引导学生主动回答问题，课堂中能够引起学生探究性学习兴趣，完成课堂有效沟通的提问。其目的是为学生提供参与课堂活动的途径，并激发思维。

提问，作为教学的生命线，是体现教育理念和模式的核心要素和关键环节，课堂能否由师生共建，能否形成良性互动，取决于教师能否问到点子上，能否问出探究性。一个好的老师不应是一个说教者，而应该是一个苏格拉底式提问的设计者，或者是一个教练，再或者是一个主持人，发挥问题作为思考原动力的作用，教会学生去学习和思考，去发展自己。

首先，应当学会设计问题情境。根据教学的不同内容和不同环节，要灵活机动地设计问题且问题要设计得简单明了清晰。问题是创设情境的核心，情境是"外表"，问题是"内核"。在设计问题情境时，尽量多与社会生活与实践相联系，引导学生将知识运用于生活之中，并使知识与生活形成相关性，解决新的问题，而不是只停留在碎片式知识记忆当中。

其次，提供原型启发的教学模型。在学生进行观察活动时，鼓励学生通过原型获得启发，独立思考去寻求视角发现问题，在创意形成前期善于运用头脑风暴法，扩展思路，扩大联想范围并逐步形成创新意识，运用美术语言和多种媒体创造性地加以表达。

最后，要尽量设置开放性的问题。有效提问意味着教师要尽可能多地提出开放性的问题，或者尽可能使所提的问题具有一定的开放性。设置开放性问题是一种有效的策略，本身不是为了让学生找到唯一的正确答案，而是开阔学生的思维，逐渐消除学生对"问题永远存在正误"的错误观念，同时使教学更为新鲜而有趣。

（3）鼓励学生表达

基于批判性思维的课堂教学，强调在对话、交流、倾听中实现思想交流，形成自我观点。教师在使用提问策略后，应该对学生予以回应。教师与学生的对话倾听与有效沟通为学生实现批判性思维能力培养"搭建桥梁"，有助于学生进行批判性思考，并为自己的创新观点论证理由和收集数据。

首先，要营造宽松自由的学习氛围，这是培养批判性思维在环境层面的"根基"。让学生"敢于发声"，在宽松、民主、自由的教学过程中改变学习的思维状态，倡导学生主动探究、积极独立搜集数据资料并进行自我理性分析与处理。营造良好氛围的策略之一是建立师生之间的"朋友"关系，在教学中表现出对学生的理解更能让学生放松，从而提升教学效果。

其次，要注意倾听学生的回答。倾听是一种对话，批判性思维本就是倡导对话式教学。学生在回答问题时，也是在展现自我并用理论阐述自己的观点。教师在认真倾听的同时还要给予学生一定的反馈。反馈的意义在于，要让学生感觉教师在等待和倾听。教师的反馈行为会在很大程度上鼓励或者妨碍学生的参与。同时，教师在提问过程中显示出对学生的关注与肯定，能够极大地激励学生。鼓励和表扬也是提高学生学习积极性和兴趣的重要方式。当学生的回答与自己想法不一样时，需要明确"纠偏"不利于学生思维发展。我们可以反思自己提的问题是否符合学生的最近发展区，而不是为了课堂教学的顺利进行，纠正学生的想法。在教学中，保留意见也是一种促进学生探究活动的策略，是保护学生自信心的表现，也是保持课堂氛围的策略。

这种策略的目的是让学生重新关注、反思司空见惯的事物，培养发现问题、善于思考和探求真理的精神。

（4）探究合作教学

卡尔·波普尔曾说："我认为我是正确的，但我可能是错的，而你可能是正确的。不管怎样，让我们继续讨论吧，因为这样比各自仅仅坚持认为自己正确可能更接近于正确的理解"。由此体现了合作探究性学习是在课堂中培养批判性思维的重要途径。在课堂教学中，要发挥学生的课堂主体作用，让学生成为自主的学习者，在讨论与实操环节中，积极鼓励学生运用自己独立的形象思维进行思考。在这个过程中，可以发挥学生的主观能动性。同时学生在合作学习中能够有效合作，相互交流观点，良性沟通引发思维碰撞，产生批判性思维的火花。批判性思维的培养作为一种社会性学习，在这个过程中，同伴是不可或缺的要素。讨论在学习活动中是最具社会性的，因为当同伴提出问题时，学生更能发现一些新的角度。在不同观点的陈述中，批判性思维逐步形成。

（5）批判性情感表达

批判性情感表达并非字面意义上的真"批判"，而是对美术作品能够产生理性、自我的理解，在理性认识的同时，更多地尝试表达自我的情感。这一传达感受活动，就是在美术领域对批判性思维的反思性把握与表现。对学生理性情感态度价值观的培养，是一个潜移默化的过程。要想让学生获得对世界的批判性情感表达，便要引导学生自由地抒发自己的独立见解与主观感受。

3. 对论的教学策略

对论简单而言就是辩论、辨识，与他人对论（包括想象中的他人）以及与自己对论。"只有要求批判性思考的对论才有能力产生批判性思考。没有对论就没有沟通，没有沟通就不可能有真正的教育。"[①] 对论基于批判性思维，课堂中鼓励学生思考和辩论、鼓励不同观点的交锋是赋权的最高形式。

对论的常见教学策略是辨析式议题中心教学法。这是一种以争论性议题为教学中心，教师综合相关学科知识，采取多种教学方法，将议题的正反不同观点呈现给学生的教学法。在辨析式议题教学中注重情境、探究、

---

① 方刚. 中学生性教育教案库［M］. 北京：中国人民大学出版社，2005.

生成三大要素，用好追问、反推、实践三大深化工具，把握数量、质量、过程组织三个要点，可以优化教学过程，提高课堂效率，促进学生更好发展。辨析式教学可以从以下方面着手。

第一，选择好的辩题。有疑问和争论才能有效地点燃思想的火花，好的议题能够激发学生思考，可以使学生产生争议。在这种思维冲突中，学生的核心素养才会真正得到培养。议题的选择一定要有"议"的思维价值和"议"的开放性。议题的开放性，是指确定性与不确定性的统一。确定性体现在符合学科的基本观点、基本思路、主流价值，需要言之有理；不确定性体现在针对同一个问题，可以从不同角度来分析，会有不同的合理结论。

第二，组织换位辨析。议题在经过两方或更多方的陈述和辩论后，通过角色互换来进行进一步的辨析。这样做的目的不仅仅是巩固知识，更是通过思维的切换实现换位思考。换位思考能提升学生的倾听与表达能力，促进其辩证思维能力的发展，从而使学生学会更加系统、成熟地看待问题，避免盲从和偏激。辨析式议题与换位思考相结合，能够发生"奇妙的反应"。在讨论议题的过程中，学生可以学会运用知识解释或解决社会生活中的问题、自身生活中的问题；在换位思考中学会理性批判，照顾关切彼此，最终有利于学生精神培养和公共参与能力的提高。

第三，通过递进式问题进行追问，是促使深度学习实现的有效办法。追问需要尊重学生已有的基础，即关照学生原有的知识、经验基础以及最近讨论中的兴趣点和最新获得情况，从而符合学生知识、思维、情感等的最近发展区。

第四，丰富实践情感体验，形成体验、探究、生成、实践的完整教育链。实践性可以体现在两个方面：一是导向实践，激发学生的行动意愿；二是指导实践，给予学生具体行动的思想策略及方法示例。"源于生活—高于生活—指导新的更高水平的生活"的螺旋式上升的发展路径，不是对生活的简单回归,而是在新价值认同指导下的行为选择。这种选择结合了辨析式议题讨论过程中的反思,并在新的基础上矫正自己的行为偏差,实现道德认知、道德情感与道德行为的辩证统一。

对于赋权式的教学过程,和普通教学设计类似,具体体现在教学过程和方法上,教学大致流程如图5-1所示。但实施赋权教育,需要教师根据学生实际认知、领悟水平进行生成性教学,不能完全拘泥于教学设计,而是需要根据学生实际学习情况,灵活互动,及时调整方法以实现对学生知情意行的培养。

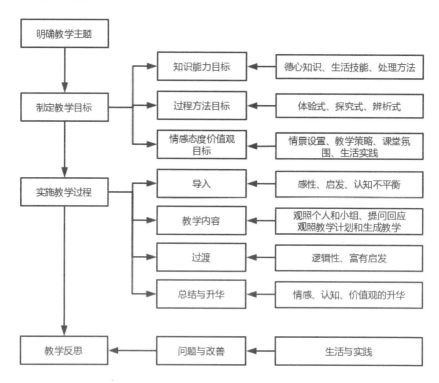

图5-1 赋权式心德共育教学设计思路

第二部分　教学设计

第六章　一年级教学设计

《拉拉手，交朋友》教学设计

【教学主题】

拉拉手，交朋友。

【教学时长】

1学时。

【与主题（章、节）相关的教学资源名称】

纸质资源：人教版一年级上册《道德与法治》第一单元第2课。

电子资源：视频、音频。

其他资源：无。

【教学目标】

知识与技能：学生尝试运用不同的方法开展与同学、老师的交往活动，在学习与生活中遇到问题时愿意想办法解决。

过程与方法：通过参与各种游戏活动，使学生初步了解人际交往的基本知识与技能。

情感、态度与价值观：学生产生乐于和同学、老师交往的情感，初步体验作为集体生活中一员的快乐。

【学情分析】

一年级新入学的学生生活经验相对欠缺，虽然已经具备一定的交往经验和交往能力，能通过一些日常玩耍等交往活动交到一些朋友，但同伴之间的交往仍主要以邻桌同伴为主，还未真正建立交往群体，交友范围比较狭窄。

这个阶段的学生天真可爱、好动，部分学生容易以自我为中心，自我控制能力较弱，不懂得尊重同伴；还有部分内向型的学生不敢积极主动与他人交往，在班里还没有自己的朋友，但又具有强烈的被同伴接纳和认可的团体归属需要。

【课前预习任务】

将绘本中介绍的皮皮猴和开心兔的故事制成课件。

1. 制作小朋友名片的模板给学生参考，并让学生提前准备。

2. 准备一朵花用于游戏以及《和快乐在一起》《找朋友》歌曲音频。让学生准备好自我介绍的内容。

【教学内容分析】

《拉拉手，交朋友》一课是教材第一单元的第2课。指导学生学会与人交往是其社会化过程的重要内容。儿童的成长是社会化的过程，进入学校是儿童由自由人转变为社会人的开始，他们不仅进入崭新的学习环境，同时也进入崭新的人际关系。心理学家说："人类的心理适应，最主要的是对人际关系的适应。"培养一年级学生学会交往，有利于他们尽快适应新环境，促进其社会化适应，也促进其对新环境的融入。本课侧重指导学生学会与新同学交往，产生对新环境的认同感与喜悦感，获得积极愉快的心理情绪，也为他们在新环境下认识他人做铺垫。

【教学重点、难点】

教学重点：引导学生尝试运用不同的方法开展与同学、老师的交往活动，遵守交往及游戏中的规则、纪律。

教学难点：学习人际交往的基本技能，消除与人交往的陌生感和羞怯感。

解决措施：通过交换名牌卡、听声音传花的活动调动学生的积极性。

【教学方法】

游戏法、谈话法、探究法。

【教学环境】

教室。

【教学过程设计】

新课导入：谈话引入

教师活动：

谈话导入：同学们，你们来到××小学这个新的环境上学已经一段时间了，你们一定认识了一些新朋友、结交了一些新伙伴。今天老师将和同学们一起再来认识一些新朋友！

学生活动：

学生坐姿端正，集中注意力，安静认真听讲。听后积极思考并回答问题。

设计意图：

与主题相联系，让学生集中注意力，促使其尽快进入课堂，跟随节奏学习。

主题活动一：请你记住我

教师活动：

教师播放关于皮皮猴和开心兔的课件。

师：请同学们认真听老师介绍两位新朋友，边听边记住两位新朋友的姓名和爱好等信息，然后回答相应的问题。

设置问题：

1.同学们，你们愿意和它们交朋友吗？为什么呢？

2.和它们问声好吧。

通过回答问题引导学生进入上课的状态，集中注意力带出本课的主题。

教师小结：

真替大家感到高兴，每个小朋友又新认识了两位小伙伴。

学生活动：

根据教师指令思考并回答问题。

设计意图：

调动学生情绪，引导学生进入本节课的主题。

主题活动二：主动交朋友

教师活动：

师：同学们还想认识更多的新同学，交更多的小伙伴吗？现在，同学们请主动地拿起自己准备好的名牌卡，向你前后左右的同学们互相介绍自己，认识新的小伙伴吧！（课件出示名牌卡模板）

出示活动的要求和引导方法：

1. 范围：前后左右桌的同学们。

2. 方法：先拿出自己的名牌卡介绍你自己，再和你认识的小伙伴交换名牌卡，然后在书上记下小伙伴的名字和爱好，相互认识。

3. 教师巡视，并指导学生主动交流。

小结：

引导学生在自身周围认识新朋友，鼓励并表扬学生主动积极交友。

学生活动：

学生拿起自己的名牌卡，把椅子推进桌子下方，起立站好，向前后左右的同学介绍自己。学生们相互介绍，并把新认识的朋友的名字和爱好记在课本上。

设计意图：

营造交际氛围，通过学生准备好的名牌卡，让学生学会主动交朋友，初步掌握交际技巧，培养学生乐于与同学交流的情感。

主题活动三：介绍新朋友

教师活动：

导语：同学们，你们刚刚在活动中一定认识了一些新朋友、结交了一些新伙伴。接下来我们玩一个游戏"听音乐传花"来介绍一下你的朋友吧！

游戏准备：《和快乐在一起》音频，一朵红花。

游戏规则：由老师控制音乐，音乐声一停，拿到花的小朋友就要说一说你认识的好伙伴是谁，喜欢做什么。

设置问题：

1. 谁是你认识的好伙伴？

2. 他（她）喜欢做什么 / 吃什么 / 玩什么？

学生活动：

学生需要集中注意力，音乐停下轮到自己时，拿出刚刚记录的小伙伴的信息进行分享。

预设 1：××是我的小伙伴，他喜欢玩……

预设 2：××是我的小伙伴，她喜欢吃……

设计意图：

让学生在游戏的氛围中介绍自己的新朋友，巩固友谊。体验集体生活中一员的快乐。

主题活动四：爱护新朋友

教师活动：

导语：刚刚大家都已经找到了很多新朋友了吧！朋友都是需要我们用心维护的，现在让我们来学习一下怎么爱护我们的新朋友吧！

出示 PPT，展示各种场景里小朋友和自己的小伙伴相处的图片，让同学们判断图片中的做法是否正确，引导同学们与自己的朋友友好相处，遇到矛盾时要善于解决问题，才能维护自己的友情。

教师小结：希望同学们交到好朋友后，要用心对待和爱护自己的好朋友！

学生活动：

可以在学生们做出判断后，点名提问他们认为正确 / 错误的原因，加深学生们的印象。

设计意图：

通过观察图片，让学生知道与朋友交往的时候什么行为是正确的，什么行为是错误的，从而掌握爱护新朋友的方法，学会维护自己的友情。

主题活动五：跟我一起唱

教师活动：

导语：刚才我们找到了很多的新朋友，现在让我们一起来读一读，唱一唱《找朋友》，学会后尝试加上动作唱一唱吧。

再请同学们和自己的好朋友上来唱一唱，做一做动作。

1. 出示歌词。

2. 全班学生一起来读一读，并学着唱一唱。

3. 请几位学生和他们认识的小伙伴上台边做动作边唱。

教师提示：

教师总结找朋友要找正直、诚信和见识广博的人，在与同学相处时要注意友好和礼仪。

学生活动：

识记歌词，认真学唱《找朋友》，学习动作，并和新认识的朋友走上讲台边做动作边唱。

设计意图：

在轻松、欢乐的氛围中结束学习并回顾本节课主题，让学生感受交友的乐趣，产生主动交朋友的想法和举动。

课堂总结

教师活动：

我们大家生活在一个共同的班集体，当同学遇到困难时，只要你真诚地去帮助别人；当你有好东西时，只要愿意与同学分享，你的朋友一定会越来越多。愿我们的班集体充满欢乐，愿同学们都能团结友爱、健康快乐。

学生活动：

按照教师指引进行课堂总结。

设计意图：

深化主题，升华主旨。

课后作业

教师活动：

安排学生制作写有好朋友特征的卡片并进行张贴。

学生活动：

完成卡片的制作。

设计意图：

学以致用，检验学习成果。

《我们有精神》教学设计

【教学主题】

我们有精神。

【教学时长】

1学时。

【与主题（章、节）相关的教学资源名称】

纸质资源：人教版小学一年级《道德与法治》下册 第一单元第2课。

电子资源：PPT、视频资料。

其他资源：多媒体、粉笔。

【教学目标】

知识与技能：认识到正确的"坐、立、行"姿势有利于自己的健康成长，同时也是一种对他人的文明行为表现。

过程与方法：通过案例分析，小组讨论，培养学生在活动中能与同学合作、交流以及分享感受、想法和活动成果的能力。

情感、态度与价值观：培养学生形成良好精神风貌，初步养成并保持"坐、立、行"的正确姿势与习惯。

【学情分析】

一年级学生经过一学期的学习，在行为习惯、价值认识等方面有了很大的提高，这个阶段的小朋友好奇心强，喜欢接受新知识，能刻板地遵守规则，但他们活泼好动，组织纪律性差，注意力分散，缺乏耐心，对难度较大的知识接受较慢。教学活动应以游戏为主，在活动中进行组织纪律性教育，养成学生良好的行为习惯。

【课前预习任务】

预习教材第 6 页至第 9 页，思考：在日常生活中，还有哪些样子是精神的？请你选出你认为最精神的小伙伴，说说你的理由。

【教学内容分析】

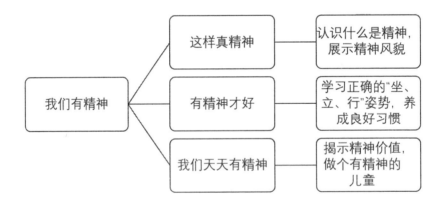

【教学重点、难点】

教学重点：初步认识姿势与身体健康的关系，养成正确的"坐、立、行"的姿势和良好习惯。

教学难点：正确理解"有精神"的意义，在日常生活中做个有精神的儿童。

解决措施：用活动的方式，让学生在游戏中认识什么是有精神，意识到有精神的重要性；通过情景创设，引导学生掌握正确的"坐、立、行"的姿势，更好地认识"有精神"。

【教学方法】

情境教学法、活动教学法、小组合作探究法。

【教学环境】

教室、计算机媒体、黑板。

【教学过程设计】

新课导入：绘本解说

教师活动：

教师一边在 PPT 上展示绘本故事《谁精神？》，一边生动解说，让学生们帮助小熊评一评哪个小动物有精神。

学生活动：

学生根据教师展示的内容发表自己的看法。

设计意图：

根据有趣的绘本故事，让学生们初步了解"有精神"的概念。

主题活动一：才艺表演

教师活动：

组织学生才艺表演，引导学生观察、归纳、总结："有精神"有哪些表现？

学生活动：

学生独自或小组表演，其他学生观察演员哪些方面"有精神"，予以点评。

设计意图：

在实践活动中，形成自己对"有精神"的理解。

主题活动二：图片欣赏

教师活动：

教师在 PPT 上展示小学生升旗仪式等场景照片。

提问：请同学们思考，从哪些地方可以看出这些小朋友有精神呢？为什么要这样表现呢？

学生活动：

学生们围绕问题开展小组讨论，小组派代表回答。

设计意图：

教师引导学生认识到在升旗仪式等重要场合该如何"有精神"。

主题活动三：视频欣赏

教师活动：

教师播放国庆阅兵视频，视频中军人步伐整齐划一。

学生活动：

学生观看视频，进一步感受军人"有精神"的风采。

设计意图：

通过观看军人整齐划一的步伐和挺拔的身姿，增强学生对"有精神"的感受。

主题活动四：评选活动

教师活动：

发放印好的表格，学生可填写自己或同学"有精神"的表现，小组分享或全班展示。

学生活动：

学生们填写好表格后小组交流、全班展示。

设计意图：

通过此环节，让每个学生能自我观察或观察他人，加强关于"有精神"的认知并在生活中践行。

课堂总结：学唱儿歌

教师活动：

教师展示儿歌歌词，带领学生们一起朗读并回答问题：

1. 你见过小鱼和小虾吗？

2. 小鱼上课坐得怎么样？小虾什么样？

3. 小鱼为什么是直的？小虾为什么是弯的？

学生活动：

学生朗读儿歌：

小鱼小虾是同桌，

一个高来一个挫，

小鱼上课坐得直，

小虾总爱趴在桌，

时间一长不得了，

小虾变成小罗锅。

设计意图：

结合儿歌提出问题，引导学生发散思维，发挥想象力，并认识到不能养成上课时趴桌的坏习惯。

课后作业

教师活动：

要求每个学生拍一张自认为最有精神的照片并带到学校。

学生活动：

拍照片。

设计意图：

树立班级榜样。

《不做"小马虎"》教学设计

【教学主题】

不做"小马虎"。

【教学时长】

1 学时。

【与主题（章、节）相关的教学资源名称】

纸质资源：人教版小学一年级《道德与法治》下册 第一单元第 4 课。

电子资源：PPT 课件、图片。

其他资源：无。

【教学目标】

知识与技能：让学生知道什么是马虎，认识到马虎的人在生活中的表现，并能够甄别自身或他人存在的马虎现象，了解马虎给自身和他人带来的麻烦，培养基础的自我反思、换位思考的能力。

过程与方法：通过情景演绎，带领学生探究导致马虎的原因，并培养学生认真、细致的学习习惯，促进学生改正马虎的缺点。

情感、态度与价值观：培养学生责任心、耐心等良好品质。

【学情分析】

1.学生年龄较小，三观正处于建立阶段，学习能力正处于模仿阶段，容易受外界的影响，自我反思、自我监督能力较弱。

2.部分学生存在因马虎忘交作业、算错漏做题、忘带学习用品、忘记事、做错事的现象，且没有明显认识到自身存在马虎的问题，也没有正确认识到马虎的后果和解决马虎问题的方法。

3.学生马虎的根源有：受外界影响，注意力不集中；经验不足，做事贪快而不重质；性格活跃多动，容易粗心且没有检查、回顾的习惯。

4.部分家长对学生马虎现象不重视或者经常性地直接帮孩子承担马虎的后果，没有让学生认识到马虎带来的不良影响。

【课前预习任务】

1.多多与学生接触，观察了解学生存在的马虎现象。

2.电话访谈家长，询问学生在家中存在的马虎现象。

3.用一周时间在学生面前显现自身的马虎现象（自身马虎现象是效仿学生存在的马虎问题而来的），给学生明显地呈现出马虎给学习和生活带来的困扰。

4.布置学生观察身边的行为现象。

【教学内容分析】

《不做"小马虎"》一课主要是为了培养学生认真细致的好习惯，使学生懂得只有把事情放在心上，专心致志才能不成为"小马虎"。

本课以师生活动为主，学习教材为辅，设计了两个主题来让学生深入了解到什么是马虎和马虎带来的麻烦，分析马虎的原因，从而学会做到不马虎，进而在生活中逐渐纠正自己的马虎行为。教科书以"小马虎添麻烦"

的故事导入，引导学生来找马虎的现象，在深入调查的基础上对马虎进行分类分析，对学生进行具体的行为引导，让学生学会不马虎的方法，培养认真细致的好习惯。

【教学重点、难点】

教学重点：让学生认识到自身和他人存在的马虎问题；让学生改正自身马虎的问题，养成认真细致的习惯。

教学难点：培养学生反思回顾的能力，改正自己马虎的坏毛病。

解决措施：教师多与学生接触，观察学生马虎的现象，再通过教师谈话引导学生反思和分析问题根源；教师带领引导，家长监督，同学合作，在三方合力下共同改进进步，且师生共同建立一套不马虎的表扬机制，对教师和学生的马虎或者细致作出反馈，通过教师的模范作用形成良好的氛围。

【教学方法】

情景演示法、探究法、谈话法。

【教学环境】

教室、家庭。

【教学过程设计】

新课导入

教师活动：

谈话导入：同学们，今天这节课老师带大家一起认识一种神奇的生物——"小马虎"。

学生活动：

认真听讲。

设计意图：

引入主题。

主题活动一：大家来找碴

教师活动：

设置任务：请同学们认真听老师说，边听边思考你最近观察到的事情。

通过教材导入话语引导学生发现老师或者身边近期的马虎现象并映射到学生自身。

教师小结：同学们的火眼金睛都发现了身边的"小马虎"，真厉害。

学生活动：

找出老师或者身边的马虎现象，思考自身是否也有类似的行为。

预设 1：我发现有时候老师会……

预设 2：我发现了我的同桌……

设计意图：

让学生明白什么是马虎现象，能够对此有基本的分辨能力。知道每个人都可能会有"马虎"的现象。

主题活动二：快来分分类

教师活动：

出示不同的关于马虎现象的图片和视频。

教师：请同学们以小组为单位讨论一下以上的现象，看看马虎会带来怎样的后果。

反馈和引导：对认识较为正确的学生进行口头表扬和全班鼓掌表扬。对认识不够全面的学生进行鼓励和引导。

小结：引导学生以小组模式通过各种方法来对马虎事件的后果进行深刻的认识，并从原因、性质方面对马虎进行总结。

学生活动：

对马虎现象进行小组讨论分类，小组讨论后让代表起来回答。

预设1：我觉得××马虎了，会导致……

预设2：马虎会带来很严重的后果，我们要避免它……

设计意图：

通过图片让学生思考马虎产生的危害，对改正马虎的必要性有深刻的认识。

主题活动三：大家帮帮我

教师活动：

导语：原来马虎会带来这么严重的后果，同学们，老师还有一件事想拜托善良的同学们，老师已经知道为什么会成为"小马虎"了，可老师不喜欢这个身份，你们可以帮帮我找方法改正吗？

设置问题：

如何改正马虎？有何好方法？

可以找谁帮助自己呢？

小结：

1.养成良好的生活规律和学习习惯。

2.培养注意力，专心致志做事情。

3.与同学相互监督，相互督促。

学生活动：

拓宽思维，为不马虎提出方法。

设计意图：

让学生自主探究不马虎的解决方法。

主题活动四：细心大闯关

教师活动：

开展三个小游戏。

（1）数人头（仔细观察）：

限时一分钟，让学生数一数树上有多少个人头。

（2）耳听八方（仔细听）：

老师阅读一段文字，当学生听到"乌龟"时就站起来，听到"乌鸦"时就坐下。

（3）走迷宫（仔细想）：

出示迷宫，让学生尝试用最快的方法走出。

学生活动：

学生要集中注意力，努力闯关。

设计意图：

通过三个小游戏引导学生感悟"仔细看""仔细听""仔细想"的方法，训练学生细心的习惯，让其告别马虎。

主题活动五：一起来加油

教师活动：

导语：老师也想和大家一起来改正马虎的坏毛病，不如我们一起来定一个属于我们的小规则吧！看看谁能把不马虎的好习惯坚持到最后。

出示任务：让我们一起来建立互助表吧。

小结：教师起好带头作用，与学生共同建立、实施一套表扬机制，激励学生改进马虎情况。然后渗透到家庭生活中，邀请家长加入，起到监督表扬作用。

学生活动：

为建立表扬机制出谋划策，积极改进自身马虎行为，同学间相互监督。

设计意图：

发挥教师表率作用，切实促进学生改掉坏毛病。

课堂总结

教师活动：

师：小朋友们，马虎的危害可真不小啊！马小虎找到了做事不马虎的秘诀，他编了首儿歌送给我们，提醒小朋友以后做事可千万不能再马虎了，大家一起跟老师读一读吧。（教师出示儿歌歌词：小朋友们听分明，马虎危害可不轻。做的事情放心上，认真仔细不分神。做完记得要检查，才能做到不马虎。从小养成好习惯，长大干啥啥都行）。

学生活动：

跟着教师一起进行朗读。

设计意图：

通过儿歌，帮助学生深化印象。

课后作业

教师活动：

师：今天老师送大家一朵"七色花"，你们可以请爸爸妈妈帮忙，把你以前的小马虎填写在花瓣上。如果你改掉了这个坏毛病，就在这个花瓣上涂上你喜爱的颜色。等你把马虎的毛病全都改掉了，那你的花就变成了神奇的"七色花"。然后把花拿到学校里来，我们把它贴在教室的墙上，看谁的"七色花"开得最早，开得最艳。

学生活动：

联合家长改掉马虎习惯。

设计意图：

家校联合，强化教育。

《家人的爱》教学设计

【教学主题】

家人的爱。

【教学时长】

1学时。

【与主题（章、节）相关的教学资源名称】

纸质资源：人教版小学一年级《道德与法治》下册 第三单元第10课。
电子资源：多媒体、PPT。
其他资源：铅笔、橡皮擦、颜色笔。

【教学目标】

知识与技能：知道"家"的组成和意义，明确"我"在家庭的角色地位，初步树立"家人的爱"的意识；能够思考并表达出家人对自己的爱，通过实践行动温暖家人、回馈家人。

过程与方法：通过房树人图画，学生明白家庭和谐的重要性；通过视频观看，学生学会表达自己的感受并明确自己的家庭地位。

情感、态度和价值观：知道家人对自己的爱并学会感恩家人，由此产生"我"也要爱家人的情感，树立"一家人要相亲相爱"的正确价值观。

【学情分析】

一年级学生正处于单纯、天真的成长阶段，能够纯粹地表达对家人"爱"的需求。但是他们未能全面而辩证地认识家人的爱，只停留在"满足自我需求"的阶段，多以自我为中心，很少发现和思考家人对家庭的艰辛付出。加之部分孩子来自具有留守、单亲等特殊情况的家庭，容易因为亲情的不完整而怀疑家人对自己的爱，导致心灵情感的发展产生缺陷。因此，了解学生的家庭类型，通过不同的教学手段让学生感受到家人的爱并学会表达自己对家人的爱，对他们的生活来说是急需又必需的。

【课前预习任务】

预习教材第三单元第 10 课《家人的爱》，第 38 到 40 页。

【教学内容分析】

《家人的爱》是教材第三单元第二个课时的内容，是整个单元"我爱我家"的核心内容，它是第一课《我和我的家》的逻辑延伸，让学生进一步感受在家庭中"爱"的存在，进一步探究"家人"对"我"的付出。同时也是第三和第四课学习"我"能为这个家做些什么的前提认识和学习起点，起到了承上启下的作用。

在整体上，有利于学生明确"家"的温暖时刻围绕着自己，感受到"家"是每个人的强大后盾，使得幸福感油然而生，为一年级学生的心灵发展打下了坚实的情感基础。

【教学重点、难点】

教学重点：学生顺畅表达出家人对自己的爱，树立"家人的爱"的意识。

教学难点：学生树立"一家人要相亲相爱"的正确价值观，学会用行动去展现自己对家人的爱。

解决措施：利用图片以及"家人的爱藏在哪里？"的游戏让学生回忆并表达"家人对自己的爱"，教师正确引导学生思维走向，从而突破教学重点。利用"房树人"画画活动以及课后实践作业的布置来体验"相亲相爱一家人"的必要性，以逐步解决教学难点。

【教学方法】

情境创设法、游戏体验法、讲授法。

【教学环境】

教师要创造一个生动、温馨、丰富、新颖的教学环境，教室具有充分的教学资源，学生拥有基本的学习用具。班级规模适合，座位模式安排得当，教师上课时能够平等而全面地顾及每位学生。班风学风良好，班级气氛活跃，师生关系长期融洽。

【教学过程设计】

新课导入：家人的爱藏在哪里

教师活动：

1. 教师展现一组图片"妈妈的一生中是如何为孩子操心的"，再展现一组动图"动物妈妈在它的孩子爬下树时跑过去用手托着，生怕动物宝宝会摔跤"。然后提问：家人的爱藏在哪里？

2. 设置说一说家人的爱藏在哪里的游戏，邀请十个学生上台，让他们每个人说出家人让"我"感到爱的事情，每人有五秒钟思考，沉默者淘汰。连续设置四轮之后，胜利者将会获得奖品。教师提前准备十人份的奖品，例如糖果、小饼干或者学习用具。

3. 教师做总结，顾及每个学生的感受，包括提及单亲、留守等家庭的学生。家人的爱不仅是爸爸妈妈给予的，其他亲属给的爱也属于家人的爱其中一种。

学生活动：

1. 学生认真观看老师展示出来的图片和动图，认真思考问题，并回忆家人对"我"的爱。

2. 积极参与，认真听清老师的引导，有顺序地排好队，牵起小手，能够顺畅表达出"家人对我的爱"。预设学生状态：①迅速举手、积极参与，乐于表达、思维清晰；②积极参与，但不能好好配合，无纪律性；③沉默寡言，害羞、不敢上台展现。

3. 每个学生心里都产生感触，能够回忆家人的爱，并知晓爱"我"的不仅是爸爸妈妈，还有日常生活中很关心自己的亲属。

设计意图：

1. 激起学生的学习兴趣。

2. 让学生主动回忆与家人之间有爱的记忆。在学生提取记忆时，教师引导他们强化记忆中的正面情感。

主题活动：相亲相爱一家人

教师活动：

1. 发放卡片，每个学生领一张。宣读"房树人"画画活动的规则。在卡片上作画必须有房子、树、家人三个素材，引导学生描绘"我的家"，并起立口头分享。教师需给予学生足够的时间作画，并且在过程中亲自走到学生身边，关心学生是否带够或者需要画笔，解答疑问等。

2. 教师根据学生的分享情况进行及时总结并表扬，利用讲授法，升华相亲相爱一家人的价值和作用。

学生活动：

1.学生知晓老师的指示并拿出相应的学习用具。回忆并思考"家人与我"度过的时光，或者创造出"我想家人与我做什么事"等画面，然后认真作画。预设学生状态：①对画画的兴趣度极高，想到什么就画什么；②不知道如何下手；③认为家人和我一起共同经历的趣事较少，把自己期待的画面画出来。口头分享时能够根据所画的内容进行简单描述。

2.学生心里感触加大，并知晓"家人对我的爱"时刻存在着，初步树立"一家人要相亲相爱"的正确价值观。

设计意图：

本环节改编自经典心理学测验"房树人测验"。在学生们画"房、树、家人"时引导他们回想起与家人之间有爱的互动，以此达到强化他们与家人和谐关系的目的。

课堂总结：让家人感受到我的爱

教师活动：

1.播放视频：一个孩子为家人洗脚的广告片。

2.引导学生齐读顺口溜。

3.布置实践作业。

学生活动：

1.学生认真观看视频，知晓自己其实也可以用行动来温暖家人，让家人感受到"我"的爱。

2.大声朗读，并记住顺口溜的大概意思，回家用行动展现爱意。

3.认真落实，实践过后认真记录家人的感受。

设计意图：

引导学生形成向父母表达爱意的认知及行为。

课后作业

教师活动：

让学生回去帮家人洗脚并观察家人的反应与感受。

学生活动：

帮父母洗脚。

设计意图：

学以致用，拉近亲子之间的距离。

《我想和你们一起玩》教学设计

【教学主题】

我想和你们一起玩。

【教学时长】

1 学时。

【与主题（章、节）相关的教学资源名称】

纸质资源：人教版小学一年级《道德与法治》下册第四单元第 13 课。

电子资源：PPT、视频《我想和病毒一起玩》、视频《小松鼠的故事》。

其他资源：手工折纸。

【教学目标】

1. 知识与技能：了解与同伴一起玩的重要性和意义，能够讲出与同伴一起玩的技巧和规则，能够认识到建立同伴关系对自我发展的必要性。

2. 过程与方法：通过龟兔赛跑以及折纸青蛙的活动，学生能够体验到融入集体、遵守游戏规则的快乐并学会在日常生活中与同学友好相处。

3. 情感、态度与价值观：培养积极的价值取向，树立正确的同伴交往观念和规则意识；明白主动、礼貌和守规则在同伴交往中的重要性，学会主动结交新朋友；促进自我完善，收获友谊，建立良好的人际关系。

【学情分析】

本节课设计的教学对象是小学一年级学生。依据发展心理学理论，一年级的学生处于人生发展的起步阶段，开始逐步从父母的保护中脱离出来，独立地参与社会活动。他们有着强烈的与他人交往的希望，同时必要的社会交往可以帮助他们学会尊重他人、相互合作、形成社会意识等。但与之相矛盾的是，他们缺乏与同龄小伙伴交往的技巧和规则，容易出现两种极端现象：一是胆小、害怕，不敢与人交往；二是霸道、自私，不遵守规则，容易被同伴排斥。这些心理特征、行为方式不仅对学生当下与他人的交往产生即时影响，如果不加以引导，这还会对学生未来的成长产生长远影响。所以教师需要引导学生懂礼貌、守规则，建立良好的同学和师生关系。

【课前预习任务】

1. 学生在家长的陪同下，课前预习一年级下册第四单元第13课《我想和你们一起玩》的课文。

2. 家长填写家长群的问卷以便教师了解学生掌握折纸技巧的情况，用于课前的分组。

【教学内容分析】

本课是人民教育出版社《道德与法治》一年级下册第四单元的内容。本单元的主题是"我们在一起"，分为《我想和你们一起玩》《请帮我一下吧》《分享真快乐》《大家一起来合作》《我们都是少先队员》五课。《我想和你们一起玩》是本单元的第一课，本课包含"大家一起欢乐多""想一起玩怎么办""为什么玩不下去了"三部分内容，旨在让学生学习同伴交往的重要性，从而使其在日常生活中主动结交新朋友以及与同伴愉快地交往。

【教学重点、难点】

教学重点：引导学生体会与同龄人相处的快乐，学会与同伴正确地交往。

教学难点：引导学生灵活运用与他人交往的技巧。

解决措施：通过活动型教学法，寓教于乐，让学生在青蛙赛跑活动中学会与人交往的正确方式。

【教学方法】

教学方法：任务驱动教学法、情境教学法、活动教学法。

学习方法：合作探究法、自主学习法、小组展示法。

【教学环境】

有多媒体讲台的活动型课堂。

【教学过程设计】

新课导入：观看视频，导入新课

教师活动：

1.播放视频《我想和病毒一起玩》。

2.提出问题：

①为什么视频中小朋友这么着急想出去玩呢？

②在疫情期间，你想不想出去玩？

③为什么你想出去玩？

3.引出课题"我想和你们一起玩"。

学生活动：

学生观看视频，结合视频和自己的生活经历回答问题。

设计意图：

播放视频，吸引学生的注意力，提出问题，引出新课。同时引导学生思考与同伴建立良好关系的重要性和必要性。

主题活动一：哪一组的纸青蛙折得又快又好

教师活动：

1.教师通过了解学生掌握折纸技巧的情况，以组内异质、组间同质为标准，在课前进行分组（5～8人/组），安排同一小组的学生坐在一起。教师演示折青蛙的步骤，引导学生进行折纸活动，并引导会折纸和不会折纸的学生间进行交流。

2.分享活动：在全部小组完成后选择部分学生折的青蛙进行展示。

学生活动：

会折纸的学生主动询问不会的同学是否需要帮忙，不会折纸的学生主动请求会的同学帮忙，直到组内学生全部完成纸青蛙的制作。

设计意图：

通过小组折纸实践活动，培育学生的交流能力、动手能力，引导学生主动融入团队，学会与同伴交往。

主题活动二：青蛙赛跑

教师活动：

教师引导想要参与青蛙赛跑的学生自行邀请其他同学组队，根据场地确定4～6人为一队。若没有成功组队，则每个小组推选一名代表进行青蛙赛跑活动。在第一轮青蛙赛跑活动完结后，根据学生的反应，考虑是否再进行一轮比赛。最后，教师小结：想一起玩要主动。

学生活动：

主动邀请同学组队赛青蛙，或者每个小组派出一名学生代表进行青蛙赛跑活动。

学生观看视频，进行小组讨论并回答问题。

设计意图：

通过青蛙赛跑活动，引导学生体验主动邀请同学一起玩的感受，体会一起玩的快乐。

主题活动三：观看视频，小组讨论

教师活动：

1.播放视频《小松鼠的故事》。

2.提出问题：

①为什么大家不喜欢小松鼠？

②如果你有一个像小松鼠一样的朋友，你会怎么办？

3.引导学生思考怎样和朋友一起玩，并总结。

学生活动：

学生观看视频，进行小组讨论并回答问题。

设计意图：

通过小组讨论，培养学生的归纳能力、合作探究能力，增强学生社会交往的意识。

课堂总结

教师活动：

师：同学们，我们大家都渴望和身边的小伙伴一起玩，因为在和我们的小伙伴们一起玩的时候我们会感到快乐。就像刚刚在课堂上，我们一起学习折纸青蛙时，可以相互学习，一起成长。

当我们想要和别的小伙伴一起玩的时候，我们可以大胆点、主动点，就像刚刚我们玩青蛙赛跑一样，想一起玩，可以大胆说出来。但要注意的是，在和别的小伙伴一起玩的时候，我们一定要讲礼貌、守规则，这样才能成为人见人爱的小可爱，这样才会有小伙伴和我们一起玩，同时我们也能收获更多的快乐。

学生活动：

根据教师的引导，思考并分享课程感悟。

设计意图：

理顺思路，回应主题。

课后作业

教师活动：

学会一种新的折纸（动物、花朵等），并与小伙伴一起分享。

学生活动：

折纸并带回学校分享。

设计意图：

培养学生的动手能力并在分享的过程中培养学生的感情。

《请帮我一下吧》教学设计

【教学主题】

请帮我一下吧。

【教学时长】

1学时。

【与主题（章、节）相关的教学资源名称】

纸质资源：人教版小学一年级《道德与法治》下册第四单元第14课。
电子资源：多媒体、PPT。
其他资源：无。

【教学目标】

知识与技能：学会分辨哪些困难应该向人求助，哪些事情应该自理；认识到求助是生活需要的基本能力，遇到不能解决的困难时要能够运用正确的方法获得帮助。

过程与方法：通过讨论，明白在遇到自己能够解决的困难时，应该尝试自理；遇到不能解决的困难时，能够礼貌地寻求帮助；看到其他人需要帮助时，能够做出力所能及的帮助。

情感、态度与价值观：生活中，称赞互相关心、互相帮助的行为；能够参与到互帮互助的氛围中。学会求助的基本技能，懂得感恩，也要学会帮助他人,让友爱与互助精神得到传递,养成互相帮助的好习惯,为学生的健康成长奠定基础。

【学情分析】

1.在学生发展方面,一年级的学生年纪小,处事能力与独立性相对较差,常常需要他人的帮助。

2. 在与同伴相处方面,有些孩子认为向别人求助是一种示弱、能力差的表现,因此不愿向别人求助。

3.在家庭教育方面,多数孩子在家中备受宠爱,很多家长对孩子的生活、学习等事务都一手包办,以至于学生们遇到困难时,有的过度依赖,有的不敢向别人寻求帮助,特别不敢向不太熟悉的人或长辈求助。他们内心会有一些担心和顾虑,如长辈会不会责备自己,别人会不会不愿意帮忙等。

【课前预习任务】

1.浏览教材,了解教材的大概内容和知识框架。

2.用笔画出重点问题和自己不理解的问题。

【教学内容分析】

《请帮我一下吧》是人教版教材小学《道德与法治》一年级下册第四单元的第14课,共有四个话题,分别是"大家都会有困难""我要求助吗""我会求助""温暖的'接力棒'"。主要是教导学生遇事冷静、不要慌;引导学生学会分辨哪些困难应该向人求助,哪些事情应该自理,学习如何向他人求助,领悟帮助他人的价值与意义;旨在引导学生懂得生活中要互帮互助的道理,感受到和谐互助的社会生活中的温暖。

【教学重点、难点】

教学重点：学会分辨遇到哪些困难应该向他人求助，哪些困难应该自己解决；懂得在遇到困难时，能够主动地用正确的方法向他人求助。

教学难点：锻炼独立自理的意识，培养互帮互助的习惯，形成互相关心、互相帮助的集体意识。

解决措施：通过情景演绎与讨论，学生能够形成互帮互助的意识，体会互助带来的幸福感。

【教学方法】

为了实现本课的教学目标，突出重点、突破难点，教学中，笔者将以活动为主要的组织与实施形式，引导学生在活动中感受、体验、领悟，在活动中提出问题、解决问题，落实行为实践；在学法上，主要采用小组合作、自主探究的方法。

【教学环境】

教室。

【教学过程设计】

新课导入：说一说

教师活动：

1. 出示班上同学需要帮助的图片。

（1）同学摔倒了。

（2）擦黑板够不到高的地方。

此时询问学生：这两位同学遇到了什么困难，此时你有什么感觉呢？

2. 师：同学们，在日常生活中你们又遇到过什么困难呢？最后是怎么解决的呢？

我曾经遇到（　　）的困难，我当时的感觉是（　　），我是（　　）解决的。

3. 播放教材图片，引入主题：老师会遇到困难，同学们会遇到困难，那我们再看看这些小朋友又遇到了什么困难。

教师小结：小朋友们观察得真仔细。生活中，无论是老师、同学们，还是这些小朋友们，大家都会有困难。遇到困难不要急，如果自己解决不了，可以勇敢地说"请帮我一下吧"。

学生活动：

分享自己的困难经历。

预设1：水彩笔没水了。

预设2：鞋带系不好。

预设3：不认识字。

预设4：球掉进池塘里了。

设计意图：

明白大家都会有困难，遇到困难不要急。引出课题"请帮我一下吧"。

主题活动一：辨一辨

教师活动：

1. 师：今天，老师给大家介绍一位新朋友，他叫小咕噜，我们一起请他出来（播放音频，录学生音频）。小咕噜是个小糊涂，他总会遇到很多困难，让我们一起来读一读，他遇到了哪些困难。

2. 师：是不是所有困难都要请人帮助呢？

3. 师：困难也分小困难和大困难，小困难可以自己解决，大困难必须请人帮助。那么,小咕噜遇到的这些困难,哪些是小困难,哪些是大困难呢?让我们来分一分类吧。

学生活动:

以小组的形式对小咕噜的困难进行分类。

设计意图:

让学生学会分辨哪些困难必须请人帮助,哪些困难应该自己解决。

主题活动二:我会求助

教师活动:

1.师:在我们遇到不能解决的"大困难"的时候,我们该怎么办呢?

我们可以利用班集体的力量,看看班里的同学能不能帮忙;我们还可以寻求大人的帮助。

但是,我们在寻求其他人的帮助时,要怎么做,别人才会愿意帮我们呢?

接下来,我们通过一个情景演示来练习怎么样有礼貌地寻求帮助吧。

情景演示:

师:小明的风筝挂在树上了,他可以向谁求助?为什么?(出示求助图)

(1)小明去向上班的叔叔寻求帮助了,但是叔叔说:"对不起,小朋友,叔叔上班快要迟到了,你找找其他人帮你吧。"

如果你是小明,此时你感受如何,你会怎么做呢?

(2)然后,小明去寻求踢足球的小朋友的帮助了,但是小朋友说,树太高了,他也拿不下来。

如果你是小明,此时你的感受如何,你会怎么做呢?

(3)然后,小明去求助保洁阿姨,保洁阿姨说"好的"。

如果你是小明,此时你的感受如何,你会怎么做呢?

2.师:"那么,小朋友们,你们有没有向别人求助过呢?来分享一下你是怎么向别人求助的。

我向（　）求助过，我当时的感觉是（　）。

学生活动：

1. 回答老师提出的第一个问题。

预设1：找朋友帮忙。

预设2：找老师、爸爸妈妈或警察叔叔……

2. 回答老师提出的第二个问题。

预设1：要有礼貌。

预设2：老师，我不知道。

3. 帮助小明想办法。

预设：上班的叔叔，踢足球的小朋友，保洁阿姨。

4. 当小明寻求帮助后，替小明做出回复。

预设1：说"没关系，谢谢叔叔"，然后寻求其他人帮助。

预设2："还是很谢谢你，我再找其他人吧。"

预设3："谢谢保洁阿姨！"

5. 分享求助经历。

设计意图：

1. 知道求助的方法多种多样。

2. 知道求助时要有礼貌，说清楚，大胆求助没关系。

3. 在孩子的社交活动中，一个孩子随时都面临着"拒绝"和"被拒绝"，这是再正常不过的事情。所以，要教会孩子学会拒绝他人或者接受他人的拒绝。

主题活动三：我会帮助

教师活动：

1. 师：在我们遇到困难时别人伸出温暖的手帮助我们，那当别人遇到困难，我们该怎么做呢？我们先来看一看这些小朋友是怎么做的。

2. 那么，小朋友们，你们有没有帮助过别人呢？当帮助别人后，你的感觉是怎么样的？

我帮助过（　　），我当时的感觉是（　　）。

教师小结：赠人玫瑰手有余香，帮助别人也是帮助自己。当我们遇到自己无法解决的困难时，我们要勇敢地说出"请帮我一下吧"；而当他人遇到困难时，我们也应当帮助他人。

学生活动：

1. 学生通过观看教材图片"温暖的接力棒"，激发乐于助人的情感，回顾助人时的温暖之情。

2. 学生分享帮助他人的经历。

设计意图：

懂得要主动帮助他人，养成乐于助人的好习惯。

课堂总结

教师活动：

师：我们今天帮助小咕噜分辨了困难，小咕噜想要感谢我们，那他会对我们说些什么呢，我们一起来听一听。

播放视频录音：小咕噜的感谢语（学生扮演）。

"谢谢各位小朋友们的帮助，让我明白了困难并不可怕，重要的是遇到困难不慌张，冷静下来想办法。小困难我们自己解决，大麻烦要有方法地求助。希望小朋友们都能保持今天互帮互助的氛围，弘扬乐于助人的优良传统，谢谢大家，再见！"

学生活动：

认真倾听小咕噜的感谢语，并回想今天学习的内容。

设计意图：

让乐于助人，懂得感谢帮助过自己的人的情感得到升华。

课后作业

教师活动：

画一个爱心，涂上你喜欢的颜色，送给帮助过你的人。

学生活动：

完成绘画。

设计意图：

深化主题，拉近学生之间的距离。

《分享真快乐》教学设计

【教学主题】

分享真快乐。

【教学时长】

1学时。

【与主题（章、节）相关的教学资源名称】

纸质资源：人教版小学一年级《道德与法治》下册第四单元第15课。

电子资源：PPT。

其他资源：教室里的图书角、分享的小物品。

【教学目标】

知识与技能：能够说出分享的原则，归纳分享的方法和技巧；能够解释6～7岁儿童"以自我为中心"的心理发展特点；正确认识"以自我为中心"的思维特征，能够体谅和包容自己和他人的"自私"，并且逐步去中心化。

过程与方法：能够与他人分享，并珍惜、感恩他人的分享。

情感、态度与价值观：培养积极的价值取向，形成正确的同伴分享意识；体验分享的快乐，激发乐于分享的情感。

【学情分析】

　　教学对象是一年级学生，他们虽然已经步入小学一个学期了，但仍然存在以自我为中心、喜欢独处等心理发展特点，造成与人分享意识较弱，不能很好地感受分享带来的快乐。在班级交往方面，他们参与积极性很高，愿意结交朋友，但有时较为任性，缺乏礼貌，会有意识或无意识地表现出以自我为中心的行为。同时，在分享中缺乏方法和技巧，可能导致弄巧成拙。因此，指导学生学会分享、快乐分享是本节课的主题。通过教学和体验活动，让学生学会分享的同时，也能珍惜、感恩他人的分享。

【课前预习任务】

　　1. 要求学生在家长的帮助下，预习本课内容，并掌握字词读音。

　　2. 要求学生在课前带一本课外书回学校，通过本节课组建班级图书角，体会分享的快乐、发扬分享精神。

　　3. 要求学生在课前准备自己喜欢的小物品（比如小零食、玩具等）以及相关的介绍。

【教学内容分析】

　　本课是人民教育出版社《道德与法治》一年级下册第四单元的内容。本单元的主题是"我们在一起"，分为《我想和你们一起玩》《请帮我一下吧》《分享真快乐》《大家一起来合作》《我们都是少先队员》五课。单元主题是：班级生活是儿童生活的重要组成部分，同伴交往是班级生活的最重要内容，班级提供的集体生活环境是儿童适应社会生活的第一步，同伴交往是社会交往的开始。《分享真快乐》是本单元的第三课，旨在让孩子们体会到分享物品和一起成长的快乐，学习到分享的方法，解决一些在分享中遇到的问题。

【教学重点、难点】

教学重点：帮助学生了解和掌握分享的含义、作用以及影响。

教学难点：①培养分享的实践能力，掌握分享的技巧和方法，学会把握好分享的"度"，不强求分享一切；②帮助学生学习"以自我为中心"和"去中心化"的概念和应用。

解决措施：①通过课堂小游戏等形式，营造轻松愉快的氛围，让学生在参与活动的同时体验到分享的快乐，学会分享的方法和技巧；②通过生活小事件中成人和以自我为中心儿童的态度对比，帮助学生了解"以自我为中心"和"去中心化"的概念和应用。

【教学方法】

诵读法、情境教学法、活动探究法。

【教学环境】

教室。

【教学过程设计】

新课导入

教师活动：

1.教师拿出准备好的小礼物(小文具或小零食)，分发到小组，并引出"分享"一词。

2.引导学生从分享感受开始，进行接下来的阅读、礼物等的分享。

学生活动：

小组内分享教师的礼物，进行交流讨论，最后分享自己的感受。

设计意图：

创设情境，导入新课。

主题活动一：组建班级图书角

教师活动：

1. 引领学生齐读"分享阅读更有趣"部分课文，接着让学生主动分享自己带到学校的课外书，老师做相关总结。

2. 组织学生把课外书有序放到教室图书角。

学生活动：

1. 齐读"分享阅读更有趣"部分课文，主动分享自己阅读课外书的感受。

2. 对比独自阅读和交流阅读的感受，体会分享阅读更有趣。

3. 小组长把小组内的课外书放到图书角。

设计意图：

通过交流，体验分享阅读的乐趣，呼应第一部分的课文。并组建班级图书角，发扬分享精神。

主题活动二：交换小礼物

教师活动：

1. 引领学生齐读"分享的魔力""快乐地分享"这两部分课文。

2. 引导学生以小组为单位分享自己提前准备的小物品。

3. 请几名学生分享自己的感受，老师最后做相关总结。

分享流程：

（1）小组成员轮流讲解自己带来的小礼物（如：我带来的是一支笔，它是我在文具店买来的，我很喜欢它。/ 我带来的是一个小蛋糕，这是我和妈妈一起做的，它很好吃）。

（2）把手中的礼物送给自己右手边的同学。

（3）送出礼物时说："我把这份礼物分享给你。"收到礼物时说："谢谢你！"

学生活动：

1.齐读"分享的魔力""快乐地分享"这两部分课文，小组内部在老师的带领下分享小物品，完成后向老师举手示意。

2.分享自己在活动中的感受，尤其是在送出礼物和收到礼物时。

设计意图：

通过交换小物品，感受分享的氛围，体验分享的愉悦，通过老师的总结评价，引导学生学会有意义和更快乐地进行分享活动。

主题活动三：分享解决难题的方法

教师活动：

1.引领学生齐读"他是'小气鬼'吗"这部分课文，让学生讨论相应的解决办法并在班级分享，老师最后做相关总结。

2.对比独自阅读与分享阅读、"分享"与"不分享"，说明"去中心化"的概念和特点。对比"自我为中心"和"去中心化"，引导学生逐步去中心化。

学生活动：

齐读"他是'小气鬼'吗"这部分课文，帮助图中的小朋友想办法，并在班级进行分享。

设计意图：

1.通过大家的讨论，引导学生学会合理运用分享的小技巧解决困难。

2.引导学生理解自己目前的心理特点，指明学生的心理发展方向。

课堂总结

教师活动：

用歌谣的方式呈现分享的技巧和相关秘诀。

学生活动：

朗诵歌谣。

设计意图：

加深学生对本课知识的印象。

课后作业

教师活动：

制作一份手工礼物跟自己的朋友进行分享，制作和收到礼物的同学分享自己的感受。

学生活动：

制作手工。

设计意图：

感受氛围。

《大家一起来合作》教学设计

【教学主题】

大家一起来合作。

【教学时长】

1 学时。

【与主题（章、节）相关的教学资源名称】

纸质资源：人教版小学一年级《道德与法治》下册第四单元第 16 课。

电子资源：PPT 课件、图片。

其他资源：多双一次性筷子、粉笔。

【教学目标】

知识与技能：知道合作的含义，认识合作的重要性。

过程与方法：通过相应情景掌握合作的方法和技巧，形成合作意识，养成善于合作的习惯。

情感、态度与价值观：学会与他人合作，体验合作的快乐和意义。

【学情分析】

一年级的学生活泼好动，好奇心和求知欲强烈。他们已经有了一定的生活经验，知道要互相帮助和互相关心，但对于合作还是比较陌生，自我意识及个性都比较强。大多数学生热爱集体，部分学生注意力容易分散，集体荣誉感不强，行动上缺乏自主性，在处理人际关系时意识狭隘。一年级是逐步形成良好思想品德的关键时期。

【课前预习任务】

课前观察并记录身边的合作事例。

【教学内容分析】

本课主要围绕"合作"展开，"合作"是指两个人或两个人以上在学习、活动中进行的共同活动，要相互配合，相互帮助，追求共同的目标，享受共同成果，从而增进友谊。教材通过四个话题紧密联系"大家一起来合作"这一主题，引导学生发现自己及他人在学习、生活中的合作事例，强调培养与同伴友好交往、合作的基本方法和技能，使学生在与人合作的过程中喜欢和同学、老师交往，学会关心他人、尊重他人，乐于合作。本课以对学生合作意识与合作能力的培养为重点。

【教学重点、难点】

教学重点：学会与他人合作，体验合作的快乐和意义，认识合作的重要性。

教学难点：掌握合作的方法和技巧，形成合作意识，养成善于合作的习惯。

解决措施：用活动的方式，让学生在游戏中学会合作，意识到合作的重要性，体验合作的快乐；通过情境创设，引导学生掌握合作的方法和技巧，更好地认识合作。

【教学方法】

教法：活动教学法、情境创设法。

学法：探究学习法、合作学习法。

【教学环境】

教室。

【教学过程设计】

新课导入：活动体验

教师活动：

游戏导入：天气预报来了。

游戏规则：老师依次说出毛毛雨、小雨、中雨、大雨、暴雨，学生拍掌的声音由小到大。

第二轮游戏，让学生将左手背在身后，提问：现在我们再来玩一次游戏，这一次同学们只用一只手来鼓掌玩游戏，还能做到吗？要怎么样才能做到呢？

歌声中总结：我们一个人只用一只手无法完成鼓掌，当我们和别人一起来合作就能发出响亮的掌声。所以合作是十分重要的，它可以让我们完成我们自己无法做到的事情。

今天让我们一起来学习《大家一起来合作》。

（板书：大家一起来合作）

学生活动：

积极参与二轮游戏。

设计意图：

通过体验活动的方式可以快速让学生的注意力转移到课堂中来，激发学生的学习兴趣，从而更好地导入新课。

主题活动一：观察生活，发现合作的魅力

教师活动：

1. 生活中，我们离不开合作。我们一起看看图片上的小朋友进行了哪些合作？（PPT出示课文插图）

2. 在日常生活中，你做过哪些与他人一起合作的事？在合作的过程中，你的感觉如何？

3. 不仅在我们的日常生活中存在合作，在自然界中也有合作。

展示图片（蚂蚁搬家、蜜蜂筑巢），引导学生发现合作无处不在，合作团结起大家的力量，让我们更快更好地完成一件事，体验合作带来的快乐。

学生活动：

1. 回答教师提出的第一个问题。

预设：有合作跳绳、合作背书、合作打扫卫生。

2. 学生积极分享。

预设1：放学的时候我们一起打扫卫生。

预设2：拔河比赛，大家一起用力往后拉。

预设3：和妈妈一起包饺子，在合作的过程中感到很开心，共同努力完成一件事，很有意义。

设计意图：

通过让学生对真实生活进行观察和体验，发现学校和社会中很多地方都需要合作，培养学生的观察能力；在分享的过程中提高学生的语言表达能力。

通过展示蚂蚁搬家等图片，让学生意识到生活中处处有合作。

主题活动二："贴鼻子"游戏

教师活动：

游戏规则：在黑板上画个人脸，但没有鼻子，需要学生去添加。学生需用红领巾蒙上眼睛，原地转三圈后将鼻子贴到黑板上画的人脸上。

第一次：每组请一个学生上台独自完成，计时一分钟。（此时，询问上台的学生有什么感觉，想不想组员帮助你一起完成）

第二次：组员可以在台下用声音提示，计时一分钟。（此时，询问有什么感觉）

第三次：组员可以上台帮助同学，每组两个同学，其中一个蒙眼睛，另一个扶着同学完成。计时一分钟。（询问该生同伴帮助他一起完成，他有什么感觉）

学生活动：

按照游戏规则完成三次活动。

设计意图：

通过"贴鼻子"游戏，让学生体会到组员们只有齐心协力，共同努力，才能合作共赢。

主题活动三：大家一起来合作

教师活动：

1.让每个小组成员给一幅画上色，这幅画里分别有四小幅图，组内分好各自所需填颜色的图。

2.成果展示。

3.感想。

学生活动：

学生分工合作，在合作中感受互相帮助、彼此谦让的情感。

设计意图：

通过让学生一起完成一幅画，引导学生学会与他人合作，能够掌握合作的方法和技巧。

课堂总结

教师活动：

播放歌曲《团结就是力量》。

提问：团结合作的力量是什么？

总结：团结合作的力量在于能够实现 1+1>2，最终实现双赢。生活中处处有合作，因此，在学习生活中，我们要有合作意识，要善于合作，遇到困难要互帮互助，共同进步，共同成长，走向成功。

学生活动：

积极回答老师提出的问题。

设计意图：

通过播放歌曲渲染气氛，让学生积极思考，再次认识到合作的重要性，帮助学生树立与集体共同发展的价值观。

课后作业

教师活动：

搜集资料，找一找合作共赢的小故事，下节课分享。

学生活动：

搜集合作共赢的小故事。

设计意图：

通过寻找新的小故事，加深对合作的理解。

第七章　二年级教学设计

《我爱我们班》教学设计

【教学主题】

我爱我们班。

【教学时长】

1学时。

【与主题（章、节）相关的教学资源名称】

纸质资源：人教版二年级上册《道德与法治》第二单元第5课。

电子资源：http://www.haoduoyun.cc/book/rjb/zhengzhi/kw5x/30.shtml。

其他资源：专门为本课制作的多媒体演示课件。

【教学目标】

知识与技能：知道班级就像一个温暖的家庭，了解班级生活中团结友爱的同学们。在活动中认识同学，了解集体，热爱集体，体验在集体中的乐趣。

过程与方法：通过观看视频，感受班集体的重要性；通过制作卡片的活动，了解班级，认识班级。

情感、态度与价值观：热爱同学、老师和班集体，有集体荣誉感和班级主人翁意识；养成团结同学、尊敬老师、自觉维护班级荣誉的好习惯。

【学情分析】

二年级的学生，经过一年的学校生活后，逐渐成长起来，他们的集体意识已经开始萌芽，喜欢大家在一起活动，但集体意识还比较模糊，还不能清楚地意识到自己和集体的关系。因此，要通过有效的教学帮助，引导学生感受班级生活的温暖、友爱。

【课前预习任务】

1. 准备好关于班级的小故事。
2. 思考对班集体的意见和建议。

【教学内容分析】

本课是二年级《道德与法治》第二单元"我们的班级"中的第一课。教材以"班级生活快乐多""团结友爱的同学们""我为我们班点个赞"以及"全班来跳集体舞"四个活动为主线，让学生在回顾集体生活中的快乐时光的同时，感受同学间的友爱之情，老师的关爱之情。因为在班级中快乐、温暖所以才会爱班级，才会自觉地为班级服务，自觉地维护班级荣誉。让学生自然流露出对班级的喜爱之情。

【教学重点、难点】

教学重点：在活动中认识同学，了解集体，热爱集体，体验在集体中的乐趣；增强自己喜爱班级的情感。

教学难点：学会与同学之间融洽地相处，关爱同学。

解决措施：在课堂上引导学生积极参与班级工作、认识班级、参与课堂活动，感受班级氛围。

【教学方法】

教学方法：情境教学法、活动教学法。

学习方法：自主学习法、合作探究法、小组展示法。

【教学环境】

教室。

【教学过程设计】

新课导入：创设情境，感知班集体

教师活动：

1.播放《让爱住我家》①。

2.从画面中你看到了什么，想到了什么？

3.我们在一起已经生活一年多了，你们爱自己的班级吗？

---

① 视频网址：https://haokan.baidu.com/v?vid=15074098281784216777&pd=bjh&fr=bjhauthor&type=video.

学生活动：

学生自由回答问题，发表自己的看法。

设计意图：

家是温馨的港湾，家是快乐的驿站，我们都有一个幸福的家庭，我们来自不同的家庭，现在我们走到一起组成了一个"大家庭"——这温暖如家的班集体。

主题活动一：图景叙事，班级生活快乐多

教师活动：

1. 先看教材上第 18 页为我们展示的愉快的班级生活。

2. 再提问：你还觉得有哪些令你感到快乐的集体生活？

3. 最后播放班集体成长历程和取得的一些荣誉的画面。

学生活动：

学生自由举手发言谈感受及感想。

设计意图：

引导学生谈师生情、同学爱，让学生感受到在集体中不仅快乐，而且温暖。

主题活动二：建言献策，成为更好的班级

教师活动：

1. 用卡纸准备一棵大树，给同学们分发苹果形便利贴。

2. 选取一些便利贴内容，并进行朗读。如果是写有小问题的纸条，提问：有什么解决这个小问题的方法吗？然后将学生们提出的小方法写到小纸条上。也可以在课堂上实施一下学生提出的小建议。

学生活动：

先小组讨论，打开思路。

在便利贴上匿名写出让班级变得更好的小建议或者写上认为班里存在的小问题，也可以是热爱班集体的理由。收集起来贴到树上，建成"班级树"。

设计意图：

在构建"班级树"的同时，可以了解到学生们对班级的意见和建议，为班级建言献策，提高班级凝聚力，使班级成为一个更好的班集体。

主题活动三：集体回忆，我为我们班点个赞

教师活动：

1. 我们的班级在大家的努力下，获取了很多成功。回忆一下，我们曾获得过哪些荣誉呢？

2. 面对我们班的这些同学，你们最想说的是什么？

学生活动：

学生自由谈论。

设计意图：

感谢为班级做出贡献的每一个人，让每一个学生体会不管成功还是失败，我们都团结一心，为我们班感到骄傲和自豪。

课堂总结

教师活动：

师：我们在集体中学习、生活，每一次欢笑，每一次流泪，每一张奖状，每一面流动红旗，都蕴含着每一位同学的付出和努力。我们有互相帮助、互相关心的同学，我们有关心爱护我们的老师，我们还有如此多的荣誉。

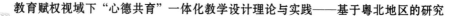
我们的集体可真棒。

学生活动：

回忆上课内容，总结课堂内容。

设计意图：

深化学生印象。

课后作业

教师活动：

师：课下每位同学都可以认领一个小岗位，把自己认领的岗位写在手环上，从今天开始，就用你的实际行动来为班集体做贡献吧！

学生活动：

认领岗位。

设计意图：

通过课后让学生认领小岗位，使学生意识到自己在班集体中可以做很多事情，同时为下节课实践活动"我为集体做什么"进行铺垫。

《我是班级值日生》教学设计

【教学主题】

我是班级值日生。

【教学时长】

1 学时。

【与主题（章、节）相关的教学资源名称】

纸质资源：人教版二年级上册《道德与法治》第二单元第 7 课。
电子资源：七彩学科网站。
其他资源：无。

【教学目标】

知识与能力：知道值日的内容，了解做值日生的一些具体方法，学做值日生。

过程与方法：通过游戏、小组讨论、汇报交流等不同方法与同伴合作、交流，分享感受和活动成果，从而体会值日的内容与正确做法。

情感、态度与价值观：培养学生对班集体的热爱和对同学、对班级的责任感；形成学生愿意做好值日工作，认真完成集体交给的任务的态度。

【学情分析】

对于班级值日，每个班级都有不同的安排。有的班级分工合作，有的班级轮流值日。各班把各个岗位责任到人，分工合作，秩序井然。但在值日中确实也存在着各种各样的问题：如值日生因为不懂得管理，只会默默地工作，让自己很累；如遇到规则与人情两难的事情时，值日生不知道该如何正确地处理；如在为班级服务时不讲究方法，带来了不必要的麻烦……本课的教学目的是要让学生在愿意为同学服务的基础上，掌握一定的技能、技巧与方法，从而更好地为班级服务。

【课前预习任务】

1. 准备好需要夸奖的值日生名字及其原因。
2. 思考值日时遇到的问题以及解决办法。

【教学内容分析】

本课是二年级《道德与法治》第二单元"我们的班级"中的第三课。教材设置了四个情景活动——"今天我值日""这种情况怎么办""羊羊值日"和"夸夸我班的值日生"，旨在引导学生了解值日内容，经历值日过程，培养热爱集体、热爱劳动的情感。教学中，应把重点放在帮助学生明确当好值日生的意义，端正学生对值日劳动的态度上。

【教学重点、难点】

教学重点：知道值日的内容，知道当好值日生是爱劳动、爱集体的表现。

教学难点：培养学生愿意做好值日工作，热爱班集体，愿意为班级的荣誉做出自己的努力的态度。

解决措施：在选择素材时，结合学生的生活经验，引导学生通过日常的生活案例理解宽容的意义以及学会如何拥有一颗宽容的心，培养宽容的精神。

【教学方法】

小组合作讨论法、多媒体演示法、案例分析法。

【教学环境】

教室。

【教学过程设计】

新课导入：出示图片

教师活动：

出示班级图片①并提问：请同学们猜一猜这是哪里？你们能认出这是什么地方吗？这样的照片给你什么样的感受？

然后出示图片②并提问：是谁拥有一双有魔力的手，把我们的教室变得干净整洁呀？（值日生）

学生活动：

观看图片，回答问题。

设计意图：

通过图片导入调动学生积极性，同时引出主题——我是班级值日生。

主题活动一：小组讨论

教师活动：

将班内学生分成若干小组，每组学生商讨出班级值日时可以做的工作（如扫地、拖地等），看哪个小组在规定时间内能列举更多。

学生活动：

分组讨论，回答问题。

设计意图：

通过分组讨论，思考班级值日有些什么工作，进而引出学生能为班级做什么。

主题活动二：今天我值日

教师活动：

1. 师：同学们，你们知道吗，除了小朋友要值日，动物世界的小动物们也要值日呢！你想知道他们做了什么吗？

播放《今天我值日》视频，让学生仔细观看，看看小松鼠都做了哪些值日工作。

2. 师：那同学们平时做了哪些值日工作呢？

3. 出示课件：认真做值日。

小组交流：这些同学在干什么？他们是怎么做的？自己是怎样做值日的？

学生活动：

学生观看视频，找出小动物所做的值日工作。讨论怎么样是认真值日。

设计意图：

通过观看视频让学生回忆起自己平时值日的工作，了解值日内容。认真做值日不仅可以使教室干净、整洁，同学们心情舒畅，还是爱集体、爱劳动的表现，是非常光荣的。

主题活动三：这种情况怎么办（情景剧扮演）

教师活动：

1.师：我们都是有责任心的好孩子，值日生是快乐的（板贴：笑脸），但在承担责任的过程中，一定也会遇到很多问题（板贴：哭脸），就比如说这儿就有一个大麻烦（师指图书角）。你发现了什么？

2.师：如果你是值日生，你会怎么做呢？那就请你来把它理整齐吧！

你需要别人帮忙吗？自己请一个吧！

谢谢你们，有了你们的整理，我们的图书角又恢复整整齐齐的模样啦！

3.采访：你有什么要提醒看书的小朋友的吗？那要怎么做呀？为什么这么做呢？哦，小朋友们听见了吗？原来，图书要按同一方向整齐地放。

4.小结：你这个值日生真能干，不仅会整理，还会提醒同学养成好习惯（板贴：提醒同学养习惯）。我们将掌声送给他们。

5.其他提醒：扫地的小朋友要提醒大家什么吗？其他值日生要提醒大家什么吗？

6.小结：是呀，我们值日生除了做好自己的本职工作以外，还要提醒伙伴养成好习惯。这样，我们的工作也会轻松很多呢！

学生活动：

学生认真聆听，小组讨论。

设计意图：

通过这一情境的实践，让学生知道做值日生不光要有责任心，有爱心，做奉献，还要学会管理。

通过这一情境的实践，让学生知道在分配值日工作时要考虑每个人的特点，合理分配，让班级工作更有效率。

主题活动四：羊羊值日（情景剧扮演）

教师活动：

1. 师：我们眼前的一个烦恼问题解决了，可有一位小朋友遇到了问题苦恼着呢！让我们一起去看看他到底遇到了什么难题。

学生情景扮演羊羊值日时碰到的问题。

2. 他遇到了哪些难题呀？（分配、扣分）

3. 那你们能帮羊羊解决这些难题吗？我们分小组讨论讨论吧！想想如果你是他，你会怎么做。

4. 全班汇报：你们帮他解决了什么问题？

（1）组长汇报：你们觉得问题出在哪里？那如果轮到你们小组值日，你们是怎么分配的呢？为什么这么分配？

（2）采访组员：你们同意他的分配吗？为什么？

5. 小结：原来，分配工作有诀窍，考虑每个人的特点合理分配，会让我们的值日工作更有效！（板贴：合理分配更有效）

6. 再次调整：另外两个小组，你们分配好的工作，有需要再调整一下吗？你们做了什么调整？

学生活动：

学生参与讨论。

设计意图：

引导学生学会在值日中尽职尽责，严格遵守规定；也让其他学生理解配合值日生的工作，共同建设美丽班集体。

主题活动五：夸夸我班的值日生

教师活动：

1. 今天的值日生表现得这么好，老师把昨天同学们值日的情况记录了下来，认真看仔细听，你想夸夸谁？你觉得他哪里做得好？

2. 在我们班上，你觉得哪位同学值日工作做得好？他是怎样做的？

3. 让学生分享汇报。

学生活动：

学生认真观看视频，并思考。

设计意图：

激发学生乐于值日、乐于服务的集体责任感。

课堂总结

教师活动：

师：榜样就在我们身边，或许是你，或许是他。我们要向身边的这些"爱劳动、关心集体、认真值日"的优秀值日生学习，向身边的小榜样学习。我们都是班级的小主人，在值日时就应该认真做好本职工作，把我们的教室打扫得干干净净，并保持整洁，体现人人为我，我为人人的精神。当我们不是值日生时，别忘了要珍惜别人的劳动成果。

学生活动：

学生聆听。

设计意图：

培养学生乐于值日、乐于服务的集体责任感。

课后作业

教师活动：

课后进行小小值日生的比赛，每个人都参与，结束后夸夸大家的表现。

学生活动：

自行值日，夸夸其他同学的表现。

设计意图：

课后实践，调动学生积极性。

《挑战第一次》教学设计

【教学主题】

挑战第一次。

【教学时长】

1学时。

【与主题（章、节）相关的教学资源名称】

纸质资源：人教版二年级《道德与法治》下册第一单元第1课。

电子资源：PPT、视频。

其他资源：无。

【教学目标】

知识与技能：能够懂得哪些事可以尝试，哪些事不可以尝试。

过程与方法：通过课堂上的挑战活动，学会区别哪些事可以大胆尝试，哪些事不可以尝试、理性分析挑战的内容，培养科学精神。

情感、态度与价值观：学生在尝试的过程中获得喜悦感和满足感，形成敢于尝试、敢于挑战的良好习惯。

【学情分析】

学习态度：教学对象是二年级的学生，他们经过一年的学习，比较适应现在的学习和生活模式，且大多数好奇心重，求知欲强，对周围的新鲜事物都充满了好奇心，愿意尝试新鲜事物。

学习倾向：学生中存在两种倾向性，一种是什么新鲜的事情都不愿意尝试，缺少探索的精神与勇气；另一种是总喜欢冒失地去做一些事，不顾后果。因此，教师在教学的过程中，要鼓励内敛的学生勇于尝试，同时要多关注爱冒险的学生，做好预防措施，保护学生，防止发生意外情况。

【课前预习任务】

在父母的帮助下尝试第一次做饭，并（在调查表）记录当时的经历和感受。

【教学内容分析】

本课由"我的第一次""我还想试……""我们一起来挑战"三个主题组成。首先，通过让学生对自己生活中"第一次"体验的回顾，发现"挑战自我"对成长的意义；随后，引导学生对挑战的内容进行理性辨析；最后，引导学生认识如何在合作中完成挑战。

【教学重点、难点】

教学重点：引导学生感受挑战带来的成长体验，具备敢于挑战的勇气。

教学难点：区别哪些事可以挑战，哪些事不可以挑战。

解决措施：利用图片，让学生根据自己的理解区分哪些事可以挑战，哪些事不可以挑战，同时通过让学生亲身体验，从自身的实践中得到答案。

【教学方法】

演示法、讨论法、情景教学法。

【教学环境】

教室。

【教学过程设计】

新课导入：我的第一次

教师活动：

播放微视频：《小马过河》。

设置问题：小马遇到了什么挑战？小马是不是第一次遇到挑战？小马勇不勇敢？

教师小结：从这个视频可以看出，小马敢于尝试自己第一次过河，并获得了成功，小马很勇敢，我们也要做个勇敢的人。

学生活动：

认真观看视频，带着问题思考。跟随老师的逻辑，集中注意力。

学生回答老师提出的问题：过河的挑战；是；勇敢。

设计意图：

以视频故事的形式导入，吸引学生的注意力，促使学生快速进入学习情境，并且引出本课学习的主题"挑战第一次"。

主题活动一：生活小当家之第一次做饭

教师活动：

导语：小马第一次挑战过河，我们生活中也有很多第一次的经历，比如上周末同学们尝试在家做饭，对于多数同学来说，还是第一次做饭。那么，哪位"小当家"愿意分享一下当时的感受吗？

播放视频：学生上台分享，播放该学生做饭的视频。

反馈与指导：为发言的（三位）同学鼓掌，对挑战成功的学生表示赞许，对于挑战没有成功的学生，鼓励他们继续努力，下次会成功的。

教师小结：我们的第一次挑战也许很美好，也许很难过，也许很成功，也许很失败。但这都是我们美好的回忆，对我们的成长来说都意义非凡。我们应该说一句：第一次，真好！

板书：

学生活动：

1. 集中注意力。

2. 学生回忆当时做饭的经历和感受，然后积极主动分享，并且指明下一位同学发言。

预设1：炒青菜，炒煳了，有些失败。

预设2：西红柿炒鸡蛋，第一次做饭竟然成功了，很开心。

预设3：煮豆腐，忘记放盐了，但还是很开心，第一次煮就成功了。

设计意图：

学生通过亲身的实践，分享当时的感受，体会到挑战会带给我们成功的喜悦和失败的教训。

主题活动二：火眼金睛，手势辨别

教师活动：

导语：小勇士们，现在我们都充满了勇气，将要出发去挑战很多的第一次，但是有些事情的第一次我们可以去做，有些却不可以做。看看同学们有没有火眼金睛，一起来看看下面的图片，辨别一下吧。

出示图片：左手画圆、下腰、独自去河边游泳、折飞机、踩草坪、举手回答问题等。

设置问题：

1. 哪些事可以自己尝试？

2. 哪些事不可以尝试？

3. 哪些事需要他人的协助？

示意图片：老师用激光笔依次指每一张图片。

反馈与指导：对于发言的学生给予掌声，对回答正确的学生表示赞扬，对回答错误的学生及时引导与解释。

教师小结：同学们，我们在生活中、学习中有很多第一次需要去挑战。有时，我们只需要鼓起勇气，迈出第一步，就能挑战成功；有时，我们需要大人们的帮助；但是有时我们也要停止脚步，因为危险。

板书：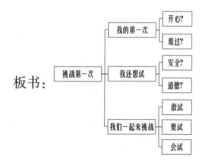

学生活动：

学生跟随老师的逻辑，认真听讲。

观察图片，思考哪些是自己敢于尝试的，哪些不可以尝试，哪些自己一个人不能尝试，需要其他人协助。

在组内讨论，发表自己的观点，倾听其他同学的想法。

根据自己的理解，做出相对应的手势：认为可以尝试的挥动右手做

"√"手势，认为不可以尝试的双手交叉做"×"手势，认为需要其他人帮助的举起双手。

认真书写笔记。

设计意图：

在鼓励学生勇于尝试的基础上，引导学生认识到不能一味地尝试，要明白哪些事要大胆试，哪些事不能试，哪些事有人帮着可以试。

主题活动三：情景模拟，大家来挑战

教师活动：

导语：同学们，我们做任何事情的第一次，都需要一样很重要的东西，那就是？（勇气）看看谁是小勇士，来挑战充满未知的第一次。老师手里有一个神秘的盒子，里面装着各种各样的挑战，会是哪一个小勇士第一个来挑战呢？

邀请学生上台，抽取任务卡。

任务卡的内容：①与同桌两分钟内背十首诗；②左手画一个圆且同时右手画一个长方形；③与好友20秒内说出12个成语接龙；④10秒内完成依次与15个同学的握手；⑤头顶一本书走8步；⑥30秒读绕口令等。

教师小结：当我们拿到任务卡时，我们发现有很多事是我们没有做过的，但是我们要去试一试。

板书：

学生活动：

学生上台抽取任务卡，站在讲台上完成相应的任务卡内容。

学生 A：两分钟背一首诗。

学生 B：下腰。

学生 C：左手画一个圆，右手画一个长方形。

学生 D：20 秒内说出 12 个成语。

设计意图：

引导学生一起参与挑战活动，有利于他们懂得在合作中完成挑战，且将学习、生活体验、问题探究紧密结合起来，达到学以致用的目的。

课堂总结

教师活动：

引导学生回顾课堂内容。

学生活动：

分享自己在课堂上的收获。

设计意图：

各抒己见，总结课堂内容。

课后作业

教师活动：

让学生制作一份冒险计划，并思考如果要去冒险需要做哪些准备。

学生活动：

完成冒险计划。

设计意图：

学习致用，检验学习成果。

《学习有方法》教学设计

【教学主题】

学习有方法。

【教学时长】

1学时。

【与主题（章、节）相关的教学资源名称】

纸质资源：人教版二年级下册《道德与法治》第四单元第14课。

电子资源：PPT。

其他资源：无。

【教学目标】

知识与技能：学生能够根据给出的例子，选择正确的方法，培养将方法用于实践的能力。学生能够与他人分享学习方法，并从中吸取他人的优秀之处，养成主动寻找合适的学习方法的习惯。

过程与方法：学生通过本课案例分析，能够选择适合自己的学习方法。

情感、态度与价值观：学生明白做事情要用对方法，并愿意将自己好的学习方法与别人分享，培养乐于分享的品质。

【学情分析】

学生基础较好。经过一年多的学习后，二年级学生在基本知识、技能方面有了一定的提升，对知识充满好奇，具有较强的探索欲和模仿欲。但是学生年龄小，自我发展的意识和能力还不完善，知识面窄。本课的教学中，要注重培养学生良好的学习习惯，提高学生探究学习的能力，寻找合适他们自己的学习方法。

【课前预习任务】

1.阅读教材第 54 至 57 页。

2.准备一个你认为最好的学习方法并写在纸条上。

3.准备一个你想求助的学习问题。

【教学内容分析】

《学习有方法》是人教版二年级下册《道德与法治》第四单元第 14 课的内容。本课所说的"学习有方法"，既包含办法、策略层面，又包含认识、态度层面，指不畏惧学习艰苦，感受学习有苦但是也有乐。"算 24 点"这个游戏虽然有些难度，但是掌握了技巧和方法后，就能体会到成功的喜悦。本课还呈现了学生课堂学习和生活中的真实经历，旨在引发学生结合切身体会去观察比较，发现学习的好方法。而教师引导学生进行总结，感受只有会学习才能学得好。教材同时也是提示学生，在向他人学习的过程中，不能简单地模仿、照搬。好的学习方法因人而异，我们在向他人学习的同时，还要创造性地寻求合适自己的方法。分享与合作既是寻找有效学习方法的途径，本身也是通过学习实践，总结出的快速掌握知识的方法之一。

【教学重点、难点】

教学重点：学生找到适合自己的学习方法。

教学难点：学生在讨论中获取更好的学习方法，优化自己的学习方法。

解决措施：根据学生的特点和爱好设计教学互动环节，开展生动有趣的小组讨论活动，关注每一个学生，让每一个学生都参与到课堂活动中来，养成乐于分享、善于改进的习惯。

【教学方法】

讲授法、课堂讨论法、启发法。

【教学环境】

教室。

【教学过程设计】

新课导入：组织教学

教师活动：

师：同学们，上课啦！请同学们赶快坐好，准备开始我们今天的愉快学习时光。

学生活动：

迅速地坐好准备开始上课。

设计意图：

将学生快速从下课懒散的状态拉回课堂。

主题活动一：不止一种方法

教师活动：

放映图片。（内容：学做蛋糕的方法、查字典的方法）

提问：同学们，你们看完以上三张图片，有没有发现什么呢？

教师小结：说得很好，无论在生活中，还是学习上，我们做事情都不止一种方法。而我们是学生，正是学习本领的时候，今天我们就一起来了解一下《学习有方法》吧。

学生活动：

认真观看图片，并认真思考，积极发言。

学生回答：完成这些事情都不止一种方法，有许多方法可以学习做蛋糕、查字典等，我们可以选择适合自己的一种。

设计意图：

通过学生身边的例子导入，引发学生的共鸣，激发学生的学习兴趣，使学生更快地投入课堂活动中去。同时，点明本课主题——学习有方法。

主题活动二："学习成果"预言家

教师活动：

教师展示三组情景图片。（情景一：小明上课认真听讲，但小红在抽屉偷偷玩玩具。情景二：在小组讨论时，小明积极发言，但小红在一旁睡觉。情景三：面对老师布置的作业，小明认真完成作业并进行检查，但小红草草做完不检查。）

提问：看完以上三种情景，请同学们化身为预言家，大家来预测一下，这几位同学的学习结果如何呢？你打算向谁学习呢？请同学们和同桌讨论思考一下。

总结：同学们，我们要养成良好的学习态度和学习习惯，找到好的学习方法，相信大家都会取得进步的。来，让我们一起齐读"认真听讲要做到"的几点小诀窍。

板书：

学得快，有方法！

好方法，学更棒！

学生活动：

学生根据问题展开激烈的讨论，通过对比小明和小红两位同学不同的做法，得出小明同学有着良好的学习方法和习惯，他的学习效果会比较好，应该向小明同学学习，养成良好的学习习惯。

学生齐读：

小眼睛，看黑板。

小耳朵，仔细听。

不乱说话不乱动，认真听讲我能行。

设计意图：

1.对学生的回答做出积极反馈和引导，让学生通过对比分析，清楚地认识到端正学习态度、找对学习方法的重要性，使学生养成良好学习习惯和学习方法。

2.学生通过齐读"认真听讲要做到"几条小秘诀，加深记忆，养成在课堂上良好的学习习惯。

主题活动三：我是小记者

教师活动：

讲述：看！大家都是在一起学习的，只要用心都可以做得很好，那具体差别在哪里？在于细节。接下来，我们要化身为"小记者"，采访身边小伙伴学习中的一个好做法，并写在便利贴上，写完之后贴在黑板上。

反馈：在黑板上找出个别同学的学习方法进行点评和鼓励。

总结：大家都太棒了，出色地完成了小记者的采访任务！相信大家收集了这么多同学的学习方法，从中也可以学到不少东西吧。相信用心的孩子也会吸取别人的优秀之处，改进自己的学习方法，使自己有更大进步。同学们下课后，也可以上讲台来，看看黑板上别人的学习方法，互相交流学习。

学生活动：

学生认真思考并展开积极的小组交流活动，收集其他同学良好的学习方法，并与他人分享自己的学习方法。

设计意图：

通过小组交流活动，培养学生合作交流的能力，使其养成乐于分享的习惯。同时，学生通过了解同学的学习习惯，吸取优良之处，改进自己的学习方法，找到适合自己的学习方法。

主题活动四：记忆力大比拼

教师活动：

1.讲述：相信大家经过上一个环节的分享，都学习到许多不同的学习方式了吧！现在就是检验我们学习成果的时候。下面老师想请几位同学上台，进行记忆力大比拼，看看谁记得又多又准！同学们可以尝试将自己的方法和别人的方法结合，看看效果如何！

展示文本：给出一些凌乱的数字或者文字，如 25765769189。

反馈：老师请优胜的学生分享自己记忆的方法。

总结：同学们，在以后的学习中，你们也要注意吸取别人的经验和方法，不断改进、不断前进。

2.老师在这里也想分享一些学习方法给大家。

（1）学习计划与时间管理

①明确自己的学习目标：知道自己要学习什么，学习目标要恰当、明确、具体。

②安排好自己的时间，在周末或者假期的时候，同学们可以给自己安排好时间，每天固定学习的时间，做作业的时间。

（2）预习与复习

①预习：在老师上课前大概翻阅一下书本，知道老师这节课要讲些什么，为这节课的学习做好准备。

②复习：课后及时复习也很重要，复习就是下课后回想老师上课讲了什么，思考重要的部分。

（3）听课与记笔记

①上课前一定要准备好课堂上要用的文具。

②上课时记下老师说的比较重要的部分。

学生活动：

1.学生积极上台参与比拼活动，体会到如何改进自己的学习方式。

2.学生认真听讲，了解预习和复习的重要性，初步掌握平时学习时要合理安排时间去通过做笔记记录的形式提前预习和课后复习。

设计意图：

1.创设活动，让学生在实践中更好地体会《学习有方法》这一课的主题，在平时的学习中也能懂得学习别人优秀的地方。

2.教师通过简单总结，让学生清晰明了地了解提前预习和课后复习的重要性，并指引学生在学习过程中合理安排时间，并做好笔记。

主题活动五：请你帮帮我

教师活动：

播放视频：接下来，我们来观看一个视频，同学们思考一下，视频中的小动物们都是如何相处的？（播放视频《好朋友就该互帮互助》）

讲述：同学们看，在视频中，当小动物们遇到困难时，也没有抛弃它们的朋友，不抛弃、不放弃，大家一起同心协力渡过难关。那么在我们平时的生活中和学习上，相信大家也会遇到不同的困难。接下来，同学们可以积极举手，说出你的学习困惑，让大家一起帮你想想办法吧。

学生活动：

学生认真观看视频，认识到同学、朋友之间应该互帮互助，携手解决困难。

学生积极分享自己在学习上遇到的阻碍，其他同学踊跃地分享自己的解决方法，帮助同学解决困难。

设计意图：

通过视频，有趣地引出同学、朋友之间应该互相帮助，培养学生互助和分享的精神。

通过本次分享，加深学生互帮互助的意识，让其分享学习方法，一同进步。

主题活动六：传球游戏

教师活动：

我们来做一个游戏活动。全班同学分成两个大组，完成传乒乓球的任务。每组从最左边第一位同学开始，将球依次往后传，传到最后一位同学的时候再传给同桌，依次往前传，直到传到最左边第一位同学。（对于第一组同学不做任何提示，只要求他们完成任务即可；对于第二组的同学，通过PPT告诉他们"玩耍的方法"。）

总结：果然，众人拾柴火焰高，相信大家已经解决了不少遇到的困惑了吧。希望同学们在以后的学习和生活中都可以互帮互助，和同学分享方法，一同进步！

板书：互帮互助，齐进步！

学生活动：

按照老师的指令或PPT的提示参与游戏活动。

设计意图：

学生们通过前后两次游戏中速度的变化，去感受"方法"所起的作用。

课堂总结

教师活动：

讲述：同学们，通过本节课的学习，我们要认识到要找到适合自己的学习方法。当遇到困难时，可以虚心请教同学，大家要互相帮助，分享自己认为好的学习方法，共同进步！

情感升华：同学们，这节课上到这里也接近尾声了，让我们一起拍掌，有节奏地读一下下面这首学习歌吧！

学生活动：

学生跟着老师的节奏，拍掌齐读学习歌：

同学们，请注意，学习方法要牢记。

时间分配要合理，拖拖拉拉不可以。

专心听讲不说话，影响自己和大家。

写完作业要检查，正确题目会增加。

坚持到底不放弃，半途而废不可取。

大家去用好方法，这样才会顶呱呱。

设计意图：

1. 系统归纳，进一步帮助学生回顾本节课学到的知识，加深记忆。

2. 在课堂结尾，升华学生的情感，让学生在积极、奋发的环境下结束这节课，树立好好学习的自信心和决心。

课后作业

教师活动：

布置习题，开展小组合作，至少运用两种方法完成习题，下节课在课堂上展示。

学生活动：

学生认真记录作业并思考作业内容。

设计意图：

更好地培养学生合作交流、互帮互助的意识，同时让学生更加体会到学习有不同方法这一课程主题。并且，课堂展示有利于提高学生的表达能力和组织能力。

《坚持才会有收获》教学设计

【教学主题】

坚持才会有收获。

【教学时长】

1学时。

【与主题（章、节）相关的教学资源名称】

纸质资源：人教版小学二年级《道德与法治》下册第四单元第15课。

电子资源：PPT、视频。

其他资源：故事、卡纸、彩色笔。

【教学目标】

知识与能力：认识到生活中的很多事情都需要坚持，运用坚持的秘诀，学会克服困难，努力坚持下来。

过程与方法：通过掰手腕游戏、讲解坚持的故事，使学生养成遇见困难不气馁、不轻易放弃的好习惯。

情感、态度与价值观：懂得坚持才会有收获的道理，要有锲而不舍的精神。

【学情分析】

1.本节课授课对象为二年级的学生，他们刚刚上学，对学校、老师、同学以及学习都比较陌生。但这些陌生的事物能够让他们产生兴趣，有新鲜感，能引起他们的求知欲和探索欲。

2.思想品德教育对于二年级学生来说非常重要，通过学习，可以促使他们养成良好的生活和学习习惯，培养正确的世界观、人生观和价值观，形成良好的意志品质。

【课前预习任务】

想想自己有哪些关于"坚持"的故事，进行课前分享。

【教学内容分析】

《坚持才会有收获》是二年级下册道德与法治第四单元的第三课，这一课一共设计了四个主题："我们都坚持过""坚持的收获""特殊的较量""一起来，试一试"。这一课不仅针对学习上有放弃心态的学生，更是针对所有学生的毅力培养。第一课时，主要是跟学生一起回顾以往坚持的经历，分享在坚持中得到的收获。第二课时是通过让学生明确为什么要坚持和怎样坚持，以此培养学生积极、有毅力的品质，帮助他们克服和纠正消极的意志品质。

【教学重点、难点】

教学重点：懂得遇见困难要努力坚持，克服困难。

教学难点：克服困难，学会坚持的秘诀。

解决措施：以密切联系儿童生活与学习的主题活动或游戏为载体，传授知识；教学过程贯彻科学性与思想性，以正确的价值观引导儿童在游戏中学习，在实际生活中成长和发展。

【教学方法】

谈话法、讲授法、活动法、游戏法。

【教学环境】

班级学习氛围良好，座位以小组模式为主，学生求知欲强，积极性高。

【教学过程设计】

新课导入：同桌掰手腕比赛

教师活动：

课堂小游戏：举行掰手腕比赛，同桌之间进行。决出最后胜利的一组，上台比赛。请同学们谈一谈：

1. 刚才掰手腕，你的手臂感觉痛吗？

2. 感觉手臂痛时，你做了什么？结果如何？

（感觉手臂痛，但不放弃仍努力参与，这就是"坚持"）

3. 为什么能克服疼痛去"坚持"？

学生活动：

学生同桌进行掰手腕对决比赛，赛后分享心得。

设计意图：

教师创设情境，让学生在游戏中学习，积极参与课堂学习，直观地感受"坚持"。

主题活动一：观看视频

教师活动：

教师播放视频《青蛙看海》。

提问：1.青蛙为什么能看到大海？

2.这个故事给了你什么样的启示呢？

学生活动：

学生观看视频，思考并回答问题。

设计意图：

通过视频学习青蛙坚持不放弃的毅力，学生进一步了解"坚持"是什么，培养坚持的意志品质。

主题活动二：听故事

教师活动：

听达·芬奇画鸡蛋的故事。

1.达·芬奇"坚持"每天画鸡蛋，这个过程中他会感受到什么？

2.他是如何去面对的？

3."坚持"的结果是什么？

学生活动：

学生聆听故事并思考问题。

设计意图：

通过故事，学生进一步了解"坚持"是什么，培养坚持的意志品质。

主题活动三：回顾、分享坚持的故事

教师活动：

课件出示教材第 58 页图片，教师带头分享，接着引导学生结合自身经历分享"坚持"的故事。

1. 在坚持的过程中，你是怎样做到不放弃的？

2. "坚持"的方法是什么？

3. "坚持"意志给自己带来什么成果？

学生活动：

分享故事。

设计意图：

引导学生回顾自己的生活经历，从自身体验出发，更深刻地理解"坚持"。

课堂总结：坚持实现梦想

教师活动：

教师提问：同学们的梦想是什么？

让学生用绘画方式在卡纸上画出自己的梦想，并且向学生提问：你将每天做好什么，坚持朝着梦想前进？

学生活动：

学生以画画的形式，制订实现梦想的计划，并分享如何实现梦想。

设计意图：

让学生知道坚持的重要性，学习如何坚持，要有目的性、计划性，坚持不懈地、一步一个脚印地完成任务。

课后作业

教师活动：

确定一件自己想要坚持完成的事情，每天坚持做到了就把笑脸纸涂成红色，坚持一周得到一颗五角星，坚持三周得到一颗小太阳。

学生活动：

确定事情，坚持完成。

设计意图：

学以致用，培养学生的习惯。

《奖励一下自己》教学设计

【教学主题】

奖励一下自己。

【教学时长】

1 学时。

【与主题（章、节）相关的教学资源名称】

纸质资源：人教版小学二年级《道德与法治》下册第四单元第 16 课。

电子资源：PPT。

其他资源：无。

【教学目标】

知识与技能：学会正确欣赏他人、欣赏自己，形成正确的价值取向；学会通过自我的欣赏和他人（家长、老师、同学）评价来挖掘自己的闪光点；能够欣赏别人的闪光点，以此更好地认识自我和他人，提高自信心。

过程与方法：通过从同学、家长、老师等不同角度的探讨，学生看到自己和他人的优点和长处之后，学会为自己立下合适的目标，变得更加努力。

情感、态度和价值观：形成关注自己的意识，体会欣赏奖励自己带来的愉悦感和满足感。

【学情分析】

二年级是小学生知识、能力、情感价值观形成的关键时期，教师要实现学生的自我教育，首先要让学生产生自我意识，让主体对自身有清晰的认识。学生自我意识的产生、确立、发展通常有如下途径：将对别人的认识迁移到自我；通过社会化比较，分析他们关于自己的评价；自我观察、自我分析；根据自己的社会地位、社会角色、价值观等对上述途径所获得的信息进行取舍。

【课前预习任务】

在微信家长群里收集家长对孩子们的赞扬，收集在家长角度看到的孩子们的优点和进步。

【教学内容分析】

1. 根据马斯洛需要层次理论可知，每个人都有获得尊重和自我实现的需要，通过他人对自我的积极评价，可以感受到他人对自己的认同；观察发现别人有的、自己缺乏的闪光点，也有利于发掘自己的目标和未来计划，促进自我实现。

2. 结合学生即将面临从低年级过渡到中年级的阶段，引导学生回顾自己两年来的成长和进步，发现自己的优点和长处，并为自己在学习中取得的进步感到高兴和自豪，确立成长自信，并以此激励自己不断进步。同时，引导学生有计划地生活，明确自己下一步的发展任务，学习制定短期的目标，有计划、有目标地安排自己的生活，引导学生以积极的心态，有准备地进入下一个发展阶段。

3. 心理学家鲁夫特与英格汉提出"周哈里窗"（Johari Window）模式，

将自我分成四个部分：开放我、盲目我、隐藏我、未知我。学生通过自己与自己的互动，自己与同学的互动，自己与家长、老师的互动，发现这几个"我"。

【教学重点、难点】

教学重点：增加自己的自信心，有信心去寻找自己身上更多的闪光点，对未来做出积极正面的引导。

教学难点：能够看到自己的不足，然后设立改进目标；养成探寻闪光点的习惯。

解决措施：运用谈话式教学法、讨论法、游戏，让学生能够跟着老师的思维有所感悟，明白平常的事情也可以成为自己的闪光点，别人也有闪光点，从会给别人的闪光点起名字到会给自己这个闪光点起名字，从而自然而然地发现和形成自我意识。

【教学方法】

谈话式教学法、讨论法、游戏。

【教学环境】

教室。

【教学过程设计】

新课导入：老师眼中的"我"

教师活动：

给学生派发"奖状"，让得到奖状的人起身读出自己得到了什么奖状，导出本节课的主题："闪亮亮的我"。然后老师说出派发这些奖状的原因（需要老师提前准备好奖状，找出学生的一个优点，并把它写在其中一个星星上，奖状上一共有四个星星），重点需要突出的是这些奖状是同学们从一年级到二年级的成长进步。

学生活动：

上前领取老师准备的奖状，读出自己的奖状。

设计意图：

直接从生活经验出发，在发奖过程中"镜窥"他人得到的奖励，反思自己。

主题活动一：欣赏他人，欣赏自己

教师活动：

1. 展示 PPT 上的奖状，引导学生看自己前面的奖状上面有什么内容。

2. 领导学生进行游戏，提问学生自己的进步点（学生自我对比），引导学生写好自己的正面奖状。

3. 寻找"进步点"任务：老师下组做适当的引导，助学生写好小组成员的进步点。

4. 引导学生将这个进步点填在奖状的一颗星星上并起好正面奖状的名字（自我肯定）。

学生活动：

1. 游戏：击鼓传花。

（游戏规则：跟着音乐把玩偶传给别人，音乐停止就停止传递。音乐停止时拿到玩偶的同学就站起来进行表演，例如唱歌、背诗或者是展示新的技能等）

2. 跟着老师与同学们的谈话内容进行思考。

3. 小组四人互相寻找小组成员的进步点。完成任务，学会找到别人的进步点。

4. 将这个进步点填在奖状的一颗星星上并起好正面奖状的名字。

设计意图：

游戏能引起学生的好奇心，使学生集中注意力并思考后面发生的事情；老师和学生一起，重新将这一小部分的学生生活中那些看起来似乎不起眼、易被忽略的经历重新聚拢起来，引导学生体会自己的闪光点就在他们的生活中，从而了解到什么是自己的闪光点，怎样欣赏别人的闪光点。发现这些闪光点之后，给自己一些奖励。

主题活动二：爸爸妈妈眼里的"我"

教师活动：

展示微信上学生家长对孩子们的赞扬，并问问他们知不知道为什么他们的爸爸妈妈会这样说，请他们将事情分享出来。分享之后，老师还可以引导学生将这个表扬写到自己的奖状上。

学生活动：

阅读微信群消息并思考。

设计意图：

1. 通过老师的例子和学生家长表扬学生的例子，再一次将那些看起来似乎不起眼、易被忽略的经历重新聚拢起来，引导学生体会自己的闪光点就在他们的生活中；通过这样的举例子活动，给学生一个方向去从中寻找和自己相同相似的闪光点。

2. 给自己的闪光点起个名字，即实践了用一个途径或是举动来奖励自己。

主题活动三：我可以，我努力

教师活动：

引导学生观察发现自己和他人的闪光点，互相比较，让学生思考自己三年级时要达到什么目标，将目标起一个名字填入后面的奖状。

学生活动：

对比自己的优点和不足，思考自己三年级时要达到什么目标，将目标起一个名字填入后面的奖状。

设计意图：

激发学生的斗志，树立学生的目标。

课堂总结

教师活动：

教师引导学生根据板书以及所学内容总结自己的优点，学会奖励自己。

学生活动：

根据教师指令奖励自己。

设计意图：

梳理思路，总结课堂。

课后作业

教师活动：

每一个人都写下了自己新学年的心愿。有了心愿，就要为它做出自己的努力，课下，请大家把这两年来成长中具有代表性的学习成果和生活中值得记住的事情，比如大家在课上展示的活动照片、书画作品等，装进我们的成长档案袋。也可以让爸爸妈妈帮你拍成短视频存在优盘上，放入成长档案袋里。

学生活动：

制作成长档案。

设计意图：

课后拓展，寻找日后奖励自己的途径。

第八章　三年级教学设计

《我学习，我快乐》教学设计

【教学主题】

我学习，我快乐。

【教学时长】

1 学时。

【与主题（章、节）相关的教学资源名称】

纸质资源：人教版小学三年级《道德与法治》上册第一单元第 2 课。

电子资源：PPT 课件，图片。

其他资源：衣服，书签，便利贴。

【教学目标】

知识与技能：学生掌握学习的方法，掌握抗压 3I 方式。

过程与方法：通过"词语接龙""叠衣服"比赛活动，体验学习带来的快乐，并在感受和收获中，懂得学习活动多种多样。通过展示各种学习活动，让学生交流在各种学习活动中的快乐。

情感、态度与价值观：体会阅读给自己带来的快乐和收获，提高阅读的兴趣，为养成终身学习和阅读习惯播下种子。

【学情分析】

通过第1课的学习，学生已经领悟到人的成长离不开学习，时时处处都要学习。但是对于学习中的快乐体验，他们还没有足够的认识。随着课程内容的加深、学习任务的加重、学习难度的加大，学习困难相应增加。学生在遇到困难时容易产生沮丧、泄气等负面情绪，教师需要及时帮助他们正确面对学习中遇到的问题，引导学生体会学习本身所蕴含的快乐，让学生懂得在遇到困难时，要树立战胜困难的信心和勇气，找到解决困难的正确方法，体验学习的乐趣。

【课前预习任务】

学生预习课本内容，教师制作多媒体课件，准备相关材料。

【教学内容分析】

《我学习，我快乐》一课由"学习的快乐"和"战胜困难更快乐"两个部分组成。其中，"学习的快乐"教材内容包括：

1. "体验活动"中的"词语接龙"与"家务小能手"；

2. "交流园"提供了两个交流情景；

3. "活动园"安排了"分享读书快乐"和"做书签"两个活动，意在通过学生的体验、交流和分享三个活动，引导学生明白学习本身是快乐、有趣的，应当把学习当作一件快乐的事来对待，提高学习的兴趣。

【教学重点、难点】

教学重点：在各种学习活动中体会学习的快乐。

教学难点：在经历了活动与分享快乐之后，让学生获得坚韧的学习态度。

解决措施：用活动的方式，让学生在游戏中体验学习带来的快乐，并在感受和收获中，懂得学习活动多种多样。

【教学方法】

教法：活动教学法、情境创设法。
学法：探究学习法、合作学习法。

【教学环境】

教室。

【教学过程设计】

新课引入：什么是学习

教师活动：

1. 提问：什么是学习？

2. 在老师的指导下学习新知识：

通过练习产生行为变化的过程，如学会用筷子，学会游泳；

通过阅读、听讲、思考、研究、实践等途径发生改变的过程，如学会控制情绪。

学生活动：

思考问题并回答。

设计意图：

明确学习概念，为后续各种学习做铺垫。

主题活动一：快乐学习

教师活动：

1. 开展"词语接龙"游戏。

（1）每组推荐一名代表参加"词语接龙"游戏。

（2）小小分享会：让学生们谈谈游戏的感受。

师总结：知识的学习能给我们带来快乐。

过渡语：不仅知识的学习能给我们带来快乐，做家务也是学习，也有快乐。

2. "家务小能手"比赛。

（1）（PPT出示游戏规则）播放视频《教你叠衣服》。

（2）选两名学生参加"叠衣服"比赛。

（3）小小分享会：让学生们谈谈活动的感受。

3. 懂得体验学习的快乐。

师总结："词语接龙"游戏实际上是同学们在展示自己学习到的丰富词语，"家务小能手"比赛实际上是展示同学们学习到的做家务本领。这些游戏和比赛活动，都是学习活动。同学们快乐地参加和观看这些活动，说明大家在学习的时候都是快乐的。

学生活动：

1. 玩"词语接龙"游戏，然后四人小组进行叠衣服比赛。

2. 积极分享自己对游戏或比赛的感受。

设计意图：

通过体验活动的方式可以快速让学生的注意力转移到课堂活动中来，激发学生的学习兴趣，从而更好地导入新课。

主题活动二：在各种学习活动中都能体会到快乐

教师活动：

1. 观看部分学生参与"学做蛋糕""学习舞蹈""学习下棋""学习绘画""学习农作"等活动的图片。

2. 分享会：指定学生说说自己在这些活动中有什么感受和收获。

3. 小采访：你曾经体验过这些同学的快乐吗？请你也说说自己在各种学习中体会到的快乐吧！

师总结：下棋、学绘画、种花草、做蛋糕，学跳舞……各种各样的学习活动，给我们带来无数的收获和无穷的乐趣。

学生活动：

1. 观看图片集。

2. 积极举手回答问题，分享自己在这些活动中的感受和收获。

设计意图：

让学生通过对部分同学的各种学习图片进行观察和体验，发现学校和社会中很多地方都存在学习行为，培养学生的观察能力，体验学习的多样性与各种各样的学习给我们带来无数的收获和无穷的乐趣。在分享的过程中提高学生的语言表达能力。

通过展示各种学习有关的图片，让学生意识到生活中处处有学习。

主题活动三：推荐阅读，分享学习的快乐

教师活动：

导语：其实还有一种学习方式能给我们带来巨大的快乐和力量感，那就是阅读。好书很吸引人，你能与同学分享一下自己课外阅读的快乐吗？

1. 老师荐书。

2. 学生荐书。

向同学推荐好书：把书名写在上面，再把书中你喜欢的内容写一写。

学生活动：

积极分享自己课外阅读的快乐。

设计意图：

本环节通过老师荐书、同学荐书的活动，引导学生懂得课外阅读不但能丰富知识，而且充满快乐，激发学生课外阅读的兴趣。

主题活动四：制作书签，铭记学习的快乐

教师活动：

导语：一张精美书签也会给阅读带来一份美好。

1. 制作书签。

2. 让学生摘抄上自己喜欢的语句。

3. 展示书签：让学生将自己的精美书签贴在黑板上。

学生活动：

1. 四人小组合作制作书签。

2. 摘抄上自己喜欢的语句。

3. 分享摘抄的内容。

设计意图：

通过学生的体验、交流和分享三个活动，引导学生明白学习本身是快乐、有趣的，应当把学习当作一件快乐的事来对待，提高对学习的兴趣。

主题活动五：战胜困难更快乐

教师活动：

1.导语：我们每个人在学习过程中都会遇到一些困难，这些困难就像我们学习中的"拦路虎"。

想一想，说一说：假设我们的同学在学习过程中遇到了困难，你能帮他出出主意吗？

2.出示课本第12页的内容。

在学习过程中遇到困难是在所难免的，那我们该怎样对待这些"拦路虎"呢？我们一起来看看王栋是怎么做的。

想一想，说一说：王栋学骑车的故事，带给我们什么启示呢？

3.你能说说你在学习中遇到过什么困难吗？你又是如何战胜困难的呢？

（1）在白纸上画出右手手掌，在尾指处写出遇到的"拦路虎"。

（2）出示第13页的表情图。

实话实说：你遇到这些"拦路虎"时，会有怎样的心情呢？你当时的心态与图中哪种心态是一样的呢？那你觉得哪种心态会有助于自己战胜学习上的"拦路虎"呢？为什么？

（3）在无名指处写上遇到"拦路虎"时的心态，中指处写上我当时是怎么做的，食指处写上我利用了什么，大拇指处写上是否解决了问题。

（4）分享战胜困难的经历。

学生活动：

1.勇敢说出自己在学习过程中遇到的困难。

2. 积极帮助同学出主意解决困难。

3. 积极思考问题，回答问题。

4. 乐于分享。

设计意图：

通过追问的方式，让学生体验，认识到我们应该积极面对学习中遇到的困难。

主题活动六：抗压力 3I 锦囊

教师活动：

导语：当我们在学习中遇到"拦路虎"时，可以采用哪些方法解决呢？

（1）请同学们拿出一张白纸，在白纸上画出自己的左手手掌；

（2）在尾指上写出自己遇到的"拦路虎"；

（3）在无名指上写出自己遇到"拦路虎"时的心态；

（4）接下来，我们一起来看一下"抗压力 3I 锦囊"。

● "I am"，即我有哪些优势，包含语言智能、逻辑—数理智能、空间智能、运动智能、音乐智能、自然观察智能、人际交往智能、内省智能。

● "I have"，即我有哪些资源可供利用，包含父母、老师、同学的帮助，书本网络资料等。

● "I can"，即效能因素——我可以，包括对生活的积极认知，人际交往和解决问题的能力。

例如：

I am：我很努力。

I have：我有老师、同学的帮助。

I can：我可以尽我最大的努力去实现我的目标。

（5）在五指图的拇指上写上自己的"I am"，食指上写上"I

have"，中指上写上"I can"。

（6）写好后看看自己画的左手右手，左手拍右手，为解决问题的我们自己鼓个掌！

教师小结：看看自己的五指图，希望同学们在遇到"拦路虎"的时候能够善用3I锦囊，找到自己的优势，灵活运用身边的资源，调整好心态，从而解决难题，快乐学习。

学生活动：

1. 画出自己的手掌。

2. 在尾指处写上自己遇到的困难。

3. 在无名指处写下自己的心态。

4. 在拇指处写下"I am"，食指处写上"I have"，中指处写上"I can"。

设计意图：

通过3I锦囊发现自己的优势，发掘身边的资源，以积极的心态应对困难。

课堂总结

教师活动：

师总结：同学们，每一种学习都是一种成长，每一种学习都有着不一样的快乐。让我们在学习中不断前行，为人生谱写底色，润泽生命，静待花开！

学生活动：

根据教师指令总结课堂内容。

设计意图：

回归课堂，理清思路。

课后作业

教师活动：

安排部分没有完成书签的学生在课下继续完善书签。

学生活动：

完成书签。

设计意图：

让学生通过制作书签，铭记学习的快乐。

《我和时间交朋友》教学设计

【教学主题】

我和时间交朋友。

【教学时长】

1 学时。

【与主题（章、节）相关的教学资源名称】

纸质资源：人教版三年级上册《道德与法治》第一单元第 3 课《做学习的主人》的第三部分"我和时间交朋友"。

电子资源：视频、图片。

其他资源：无。

【教学目标】

知识与技能：初步学会合理规划时间，培养管理时间的好习惯，更加懂得珍惜时间。

过程与方法：通过辨析理清学和玩的关系，初步感知合理安排时间的重要性；通过寻找时间的奥秘，懂得提高学习效率可以赢得时间。

情感、态度与价值观：学生形成关注时间的意识，体会时间的珍贵性。

【学情分析】

三年级的学生每天经历着学习，但他们对"有效的学习方法"缺乏科学的认识，学习主动性不强，且时间观念还是相对淡薄。他们不太懂得如何珍惜时间，也不太懂得如何提高学习的效率，有的学生不太会合理安排自己的学习时间、娱乐时间和休息时间，再加上自制力较差，导致做作业总是拖拖拉拉，因此需要教师给予恰当的引导。

【课前预习任务】

学生完成调查表。

【教学内容分析】

本课属于第一单元"快乐学习"中的第三课《做学习的主人》。本课作为本单元最后一课，在前两课"明确学习的意义""体验学习的快乐"的基础上，重点培养学生"掌握学习的方法"，与本单元的前两课是递进关系，符合学生的认知与学习规律。本课的四个部分，"人人都能学得好""多在心中画问号""我和时间交朋友""好经验共分享"的话题各有侧重，话题之间没有逻辑上的紧密联系，可根据需要进行灵活的调整与重组。现将第一、第二、第四个话题在第一课时完成，重点帮助学生树立学习信心，掌握有效的学习方法；第三个话题在第二课时完成，帮助学生了解合理安排时间的好处以及方法，养成良好学习习惯。

【教学重点、难点】

重点：学会合理安排和利用时间，掌握提高学习效率的具体方法。

难点：感受到时间的宝贵以及合理安排时间的重要性，愿意合理安排和利用时间，知道学习和做事都应该讲效率。

解决措施：用活动的方式，让学生感受时间的流逝，告诉学生要学会把握时间，每一分钟都应该合理安排。

【教学方法】

讲授法、启发式教学法、讨论法。

【教学环境】

教室。

【教学过程设计】

新课导入：谁是时间的好朋友

教师活动：

导入：大家都知道《龟兔赛跑》的故事。为什么兔子输了，而乌龟却能赢？

要想学得好，就要学会合理地安排时间，这样才能快乐地学习，尽情地玩耍，充分地休息。看看下面这些同学能不能和时间交上朋友。（看教材第20页上下、左右四幅图片）

在交流过程中，教师根据图例情况适时对学生进行合理安排时间的引导，并将一些法治观念和规则意识渗透给小学生。

教师小结：这四名同学都没有和时间交上朋友，只有合理安排、利用时间，我们才能和时间交上朋友啊！（板书：合理安排）

学生活动：

参与小组讨论。

设计意图：

引导学生说出兔子不珍惜时间，没和时间交朋友。而乌龟专心致志地做事，和时间交朋友了。

专家建议，小学生持续看电视的时间最好不超过40分钟；根据《中小学生卫生工作暂行规定》，小学生每日睡眠时间应保证10小时，每晚最佳入睡时间为9点。

主题活动一：解码时间的奥秘

教师活动：

教师提问：所有人都能管理好时间吗？小丽和小芳是同班同学，但是他们却有截然不同的两种表现，有请小演员为我们再现一下小丽和小芳写作业时的场景，同学们认真观察他们的表现有哪些不同。

为什么两个人完成作业的时间差这么多？这取决于是否合理安排时间。看来只有合理安排时间才能提高做事的效率啊。（板书：提高效率）

具体怎么做可以提高效率呢？（做事有计划）

学生活动：

改编教材第21页"奥秘在哪里"中小丽的故事为两个小情景剧，同学们演一演：

1.小丽回到家就开始做作业。她先是右手写作业，左手不停地伸手从包装袋里拿零食吃；写了一会儿，她又开始摆弄文具；不一会儿，她又折出一个纸飞机在手中把玩；玩了一会儿，她自己又写起来；写了一会儿，她伸个懒腰，说道："作业真多呀，两个小时才写完，好累呀！"

2.小芳开始写作业，先拿起语文书读课文，查字典，语文作业完成之后，收起语文书和字典；拿出数学书写练习题，写完数学书收起来；拿出英语书朗读。不一会儿，小芳的作业就写完了。

设计意图：

抓紧时间不浪费，做事有目标，有计划，限定时间，不仅可以提高效率，还能让我们快乐地学习、尽情地玩耍、充分地休息。

主题活动二：感受时间的存在

教师活动：

教师引导：请所有同学站起来，闭上眼睛，自己在心里数数，觉得已经过了一分钟的同学就坐下来，坐下之后就可以睁开眼睛了。

经过刚刚的小活动，老师发现，有些同学可以很好地抓住时间，有些同学可能会比较急躁，很早就坐了下来；而有些同学可能觉得时间没有过得那么快，所以就坐得晚了一些。

学生活动：

按规则进行活动。

设计意图：

通过小活动，让学生感受时间的流逝，告诉学生要学会把握时间，每一分钟都应该合理安排。

主题活动三：小小时间规划师

教师活动：

如果你在星期天要做几件事，你如何根据自己的情况进行合理的安排呢？请制订"我的周末生活规划"（走进生活，学以致用）。

大家相互分享，看看还有什么需要改进。

情景表演。

学生活动：

学生根据教材中的内容，学会合理安排时间，养成管理时间的习惯。

1. 整理房间；

2. 看电视；

3. 读课外书；

4. 和伙伴玩耍；

5. 写周记。

让学生适当进行肢体表演。

设计意图：

通过前两个环节的学习，第三个活动是让学生规划自己的星期天安排，做到既能很好地完成作业，又能玩得开心。

课堂总结

教师活动：

我们在学习时，一定要充分利用时间，可以给自己限定一定的时间，也可以给自己定个目标，不拖拖拉拉，以提高自己的学习效率，集中精力学习。要和时间成为朋友，才能真正成为学习的主人。所以不管是学习还是做事，定好目标计划、分清主次、统筹安排利用好时间，我们就能更好地提高做事效率了。

学生活动：

根据教师指引进行总结。

设计意图：

升华主题，引发思考。

课后作业

教师活动：

布置学生设计时间安排表。

学生活动：

学生自制时间安排表。

设计意图：

学以致用，让学生自主安排自己的时间。

《生命最宝贵》教学设计

【教学主题】

生命最宝贵。

【教学时长】

1学时。

【与主题（章、节）相关的教学资源名称】

纸质资源：人教版小学三年级《道德与法治》上册第三单元第7课。

电子资源：PPT课件、图片。

其他资源：几个大书包、按压笔（充当打火机）。

【教学目标】

知识与技能：了解生命的来之不易和父母的辛苦，认识到生命的重要意义。

过程与方法：通过将课本知识和生活实例相结合，让学生更深刻地认识我们的生命。

情感、态度与价值观：认识到生命的不可代替，从小树立安全意识，珍爱生命。

【学情分析】

三年级学生活泼好动，好奇心和求知欲强烈。他们已经有了一定的生活经验，在平常的学习生活中喜欢游戏玩耍，但由于年龄较小，自我爱护身体的意识较为薄弱。部分学生生性好动，对生命的保护能力较弱，行动上缺乏一定的安全意识，并且对于父母养育新生命的艰辛难以感同身受。三年级是形成良好的思想品德的关键转折时期。

【课前预习任务】

课前观察并记录父母在生活中关爱我们的言行，阅读《假如给我三天光明》。

【教学内容分析】

《生命最宝贵》是人教版《道德与法治》三年级上册第三单元第一课的内容。生命只有一次，对每个人来说都是最宝贵的。父母孕育、养育我们极其艰辛不易，"身体发肤受之父母"。通过活动体验和日常生活的实例，使学生感悟生命的珍贵和爱护身体、珍惜生命的道理。本课的内容设置为"我们的生命来之不易"和"爱护身体　珍惜生命"两部分，帮助学生树立珍爱生命的意识。

【教学重点、难点】

教学重点：认识到生命孕育过程的艰辛，进一步激发学生对生命的珍惜之情。

教学难点：让学生认识到父母为了新生命所做的付出并产生对生命和父母的敬意。

解决措施：用活动的方式，让学生在放松冥想、游戏中体会孕育生命的艰辛，意识到生命的宝贵，体验父母的不易；通过情境创设，引导学生逐步感受父母的付出，学会更好地珍惜生命、爱护身体。

【教学方法】

教法：活动教学法、情境创设法。

学法：探究学习法、合作学习法。

【教学环境】

教室。

【教学过程设计】

课堂导入

教师活动：

情境导入：温习课本第 47 页。

1.观察课本内容：怀孕妈妈的生活是什么样的呢？

2.小组讨论交流，举手分享。

小结：我们或许很少会想到，我们在妈妈的肚子里时，妈妈的行动是多么的困难，爸爸照顾妈妈是多么的紧张小心吧？这都是因为他们知道即将诞生的生命是来之不易的，也是极其珍贵的。今天，就让我们走进第七课，生命最宝贵（板书：生命最宝贵）。

学生活动：

1.学生认真观察课本内容并思考。

2.学生讨论交流。

设计意图：

通过创设情境的方式可以快速让学生的注意力转移到课堂中来，激发学生的学习兴趣，从而更好地导入新课。

主题活动一：体验五分钟妈妈

教师活动：

1.播放音乐，请学生跟着老师的引导语进行放松冥想，回顾自己的生命历程，引导学生发现生命诞生的不易，以及为了呵护自己这个小生命父母还做过哪些努力，让学生回忆生活中温馨的点点滴滴。

2.请几位学生通过将书包挂在胸前模拟怀孕时的妈妈。

3.请几位学生讲一讲模拟的感受。

一边展示图片（课本第49页）一边进行小结：

从生命的形成到生命的孕育，我们能够深刻地感受到父母的不容易，我们的生命来之不易，所以我们更加要懂得感谢父母，爱护自己的身体。

学生活动：

1.扮演的学生分别模仿"妈妈"弯腰捡东西；"妈妈"弯腰穿鞋，系鞋带；"妈妈"趴在桌子上休息一会儿。

2.学生积极分享模拟的感受。

预设1：原来妈妈怀我的时候那么辛苦。

预设2：妈妈怀我的时候行动很不方便。

预设3：妈妈怀我的时候肯定无法好好休息。

设计意图：

通过冥想，让学生愉悦、放松地进入课堂学习的同时，唤醒对于生命的产生的记忆，感受生命诞生的不易，并加深与父母之间的联结。

通过模拟怀孕时的妈妈，帮助学生对母亲孕育生命的不易产生更直观的感受和深刻的理解。

通过展示父母照顾自己的图片，让学生更加深刻地意识到生活中处处有父母对我们的关爱和呵护。

主题活动二：莫莫玩火的故事

教师活动：

游戏规则：

1. 请一位同学模仿课本剧中莫莫的动作、语言、神态。

2. 思考莫莫在爱护自己的身体方面有哪些做得不好的地方。

（演出后，询问上台的同学有什么感觉，有什么想说的）

小结：我们的健康成长离不开家人的爱护和呵护，我们也应该学会爱惜自己的身体，珍惜自己的生命。

学生活动：

1. 全班学生认真观看表演并思考。

2. 学生积极分享自己的感受。

设计意图：

通过角色扮演"莫莫玩火"的游戏让学生体会到我们的健康成长不仅离不开家人的关爱，还需要我们自己爱护、珍惜自己的身体和生命。

主题活动三：海伦·凯勒的故事

教师活动：

1. 课前阅读《假如给我三天光明》，分享读后感。

2. 思考：如果我们失去视力，我们的世界会变得怎样？

学生活动：

学生同桌小声交流读后感，派代表分享阅读思考。

设计意图：

通过阅读名人传记激发学生珍惜我们的身体的意识，更加重视生命的意识。

课堂总结

教师活动：

播放歌曲《明天会更好》。

提问：

1. 在今后的生活中遇到危险的事情应如何应对？

2. 回家我们可以为父母做些什么？

总结：我们的生命都是在父母的呵护下才孕育并成长起来的，只有一次的生命是最珍贵的。在日常生活的每件小事中，我们都要铭记生命第一的原则，不因为好奇心的驱使而尝试危险的事。珍惜生命既是对我们自己负责，也是对父母为我们辛苦付出的最基本的回报。

学生活动：

学生聆听歌曲，在歌声中思考以上两个问题。

设计意图：

通过播放歌曲渲染气氛，提出两个问题让学生积极思考，再次认识到生命的脆弱和珍贵，帮助学生树立爱护身体、珍惜生命的价值观。

课后作业

教师活动：

让学生写下以前做过的危险的事情以及如何改正，下节课分享。

学生活动：

按要求反思并记录自己所做的危险的事情。

设计意图：

加深学生的理解。

《我很诚实》教学设计

【教学主题】

我很诚实。

【教学时长】

2 学时。

【与主题（章、节）相关的教学资源名称】

纸质资源：人教版小学《道德与法治》三年级下册第一单元第 3 课。

电子资源：多媒体、PPT。

其他资源：无。

【教学目标】

知识与能力：知道诚实就是实话实说，不撒谎，不虚假。

过程与方法：通过举例子、情境代入、小组讨论等方法让学生更真切地感受到诚实的重要性，在日常生活中懂得诚实待人、做事。

情感、态度与价值观：帮助学生树立正确的三观，培养学生诚实的优良品质。

【学情分析】

三年级的孩子已经开始有自己的想法并且掌握了一定的人际交往技

能，但是学生明辨是非的能力较为薄弱，容易受到外界的影响。尤其是在老师、家长的压力下以及面对生活中的矛盾时可能会选择用说谎解决问题。因此，本节课通过对诚实的学习来帮助学生树立正确的价值观，提升其分辨是非的能力。

【课前预习任务】

预习课文并在课前大声齐读课文。

【教学内容分析】

诚实是很重要的品质，是每一个学生必须拥有的品质。本课从各方面阐述了诚实，根据三年级学生的认知水平和身心发展规律，即他们在明辨是非时容易受到外界的干扰，引导学生加强合作学习，结合实际，使学生达到"不说谎，讲诚信"的效果。

本节课选择学生所熟知的寓言故事的主人公为切入点创设情境，激起学生强烈的学习欲望。通过合作、探究、辩论等方法，引导学生提出问题、分析问题、解决问题，并经过合情地推理，用自己的语言把一些零碎的知识条理化，系统化，最终实现知识的内化。

【教学重点、难点】

教学重点：理解诚实是什么，知道诚实的好处以及说谎带来的后果。

教学难点：克服胆怯、虚荣，在生活中做到诚实、不撒谎。

解决措施：运用多元的教学方法让学生从多方面深刻理解诚实并做到诚实。

【教学方法】

举例子、小组讨论、情景演绎。

【教学环境】

教室。

【教学过程设计】

第一课时：诚实与说谎

新课导入

教师活动：

1. 放映一张匹诺曹的图片，导语：同学们，你们认识这张图片上的小朋友吗？

2. 出示任务：同学们知道这个小朋友的鼻子为什么会变长吗？你们喜欢他吗？

学生活动：

学生讨论发言。

设计意图：

通过匹诺曹引出课题"我很诚实"，让大家知道说谎是会付出代价的，匹诺曹也正是因为说谎鼻子才会变长。

主题活动一：创设情境论诚实

教师活动：

1. PPT 出示教材第 16 页三幅图的内容，提问：同学们观看这三幅图，看看他们的行为做法，你赞成吗，为什么？

2. 我心中的诚实行为：你认为"诚实"是什么呢？

3. 解释与总结：诚实是什么。

学生活动：

预设 1：李东的做法正确，虽然他做错了事情，但是他勇敢承认了错误（说真话，讲诚信）。

预设 2：张敏的做法是错误的，他说谎了（说假话，不诚实）。

预设 3：邓彬的做法是正确的（诚实）。

设计意图：

通过学生对图画的理解，了解学生的想法；通过学生反馈的信息及时对学生进行引导和教育，帮助学生树立正确的诚实观念。

主题活动二：口是心非小游戏

教师活动：

1. 两个学生为一组，一问一答。问的问题只有两个答案：是或否。答的时候，用动作——摇头或点头表示真实的答案，而嘴里说的却是错误的答案。

2. 教师小结：口是心非真是一件辛苦的事情，精神要十分集中，要承受很大的心理压力，长期下去，可能会引发一系列的心理问题，所以我们为人要坦荡，做人要心口如一。

学生活动：

学生谈感想。

设计意图：

让学生感受"撒谎"与"被欺骗"的滋味，为道德情感的生成做铺垫。

主题活动三：故事分享辩诚实

教师活动：

出示教材第17页"故事屋"《明山宾卖牛》，思考问题：有人认为明山宾太傻了，你认同这种观点吗，为什么？

诚实故事会：你还知道哪些类似的故事吗？召开一个诚实故事会，讲一讲有关诚实的故事。

古今智慧：诚信值千金。

教师寄语：诚实是中华民族的传统美德，是做人之本。（总结诚实的重要性）

学生活动：

分正反方队伍进行辩论，两队分别派代表进行 PK。

设计意图：

通过 PK 这种较为新颖的方式，激发学生的学习积极性和主动性，让学生在积极的学习氛围中懂得诚实的重要性。

主题活动四：案例分析

教师活动：

1.出示数据：英国人平均每天撒谎四次。

2.思考：我们都知道撒谎是一种非常不好的行为，但是我们在生活中有时候还是会不由自主地说谎话。你知道这是什么原因吗？

3. 谎言探测仪：课本第 18 页探究。

（1）小文为什么说家里养了金鱼？

（2）设想一下后面会发生什么事？

（3）同学们会怎么看小文？

（4）这件事给了你什么启示？

4. 温馨提示：谎言就像一个雪球，它会越滚越大。我们撒一个谎，往往就需要十个其他的谎言来弥补。我们能欺一人一时，不能欺人一世。谎言总有一天会被拆穿。（谎言的危害）

5. 思考：小文很苦恼，你能帮小文解决这个问题吗？

6. 试一试，出主意：请你判断一下，下面两位同学各是因为什么原因没有说实话。你能帮他们摆脱困境吗？（课本第 19 页）

7. 小小分享会：你是否也因为某种原因而说过谎？说谎以后你的心情怎样？有什么不好的后果？你应该吸取什么教训？

学生活动：

1. 思考并探究。

2. 出主意，然后分享。

设计意图：

让学生了解撒谎的原因，避免因为各种原因撒谎；学会弥补自己的谎言过失。

课堂总结

教师活动：

说谎是一种不诚实的表现，它会使我们失去别人的信任与尊重。我们要做一个诚实守信的人，让诚实伴随我们成长。

学生活动：

根据教师指引分享收获。

设计意图：

直接提升。

课后作业

教师活动：

让学生准备诚实故事会的材料。

学生活动：

准备故事。

设计意图：

树立榜样。

第二课时：让诚实伴随我成长

新课导入

教师活动：

播放视频《狼来了》。

思考：为什么最后狼真的来了的时候，大家都不相信了呢？从这个故事当中，你认识到一个怎样的道理？

道理：那些常常说谎的人，即使再说真话，也不会有人相信了。这个故事告诉我们要诚实做人。

学生活动：

思考。

设计意图：

视频导入。

主题活动一：故事导入

教师活动：

张强的故事：出示课本第 20 页的内容。

如果是你，你会怎么做？你是怎么看待张强的行为的？

总结：诚实是中华民族的传统美德，我们每个人都要做一个诚实守信的人，让诚实伴随我们成长。

美德少年：当地"诚实守信"美德少年的事例。

寻找身边的榜样：我们班也有这样的美德少年吗？请你找一找，说一说关于他的诚信故事吧！

头脑风暴：通过这些事例，你认为我们怎样才能做一个诚实的人，让诚实伴随我们成长呢？

总结：做一个诚实的人，我们要……

试一试：该怎么做？

学生活动：

1. 在班级中寻找诚实榜样。

2. 思考我们要如何做一个诚实的人。

设计意图：

1. 知道要做一个诚实守信的人。

2. 向榜样学习，学会如何做一个诚实守信的人。

主题活动二：区分谎言和善意的谎言

教师活动：

1.谎言与"谎言"：以上两幅图中的同学都对别人说了谎话，你认为两人的"谎言"是否有区别？说说你的看法。

2.解释说明：善意的谎言。

3.辨一辨：有人认为，图一中的行为只是一种恶作剧，小事一桩，没有关系。你认为呢？从这个故事当中，你明白了怎样的道理？

4.总结：诚实无小事，一次的不诚信行为，甚至可能会毁掉我们一生的信用。

5.活动：诚实信用卡。

学生活动：

1.认识谎言与善意的谎言。

2.懂得诚信无小事。

设计意图：

图一：讨论得出诚信无小事的结论，懂得珍爱自己的信用。

图二：讨论认识到什么是善意的谎言。

此环节设计意图为通过事例让学生更加真切地分辨善意的谎言和错误的谎言，树立正确的是非观念。

主题活动三：小组讨论

教师活动：

1.让学生分组讨论，每组在大画纸上画两个人的头像，一个是没有诚信的人，一个是有诚信的人，并在头像下面写上一个有诚信的人需要什么条件，最后请代表说说如何做一个有诚信的人。

2. 教师小结：一个有诚信的人，是一个有品德的人，是一个胸怀坦荡的人，是一个正直的人，这样的人即使没有金钱，没有荣誉，甚至没有才学，但他们在世上也许仍会活得很坦然。今天在座的大部分同学都参与了讨论发言，相信大家都能明白，"讲诚信"是一个最基本的做人道理，如果一个人连这个最基本的做人条件都不具备的话，那么他最终会被社会所唾弃。希望大家能下决心做个诚实守信的学生，在日常生活中要做到心口如一。承诺别人的，要守信；承诺自己的，也要守信。真实地面对自己，真实地面对别人，真实地面对社会，不屈从自己内心的欲望，不屈从自己内心的恐惧，不虚饰自己的错误。这是非常不容易的，孔夫子也是到了七十岁之后，才"随心所欲不逾矩"。所以说，诚信也是一种才能，而且是一种不容易得到的才能。我们应该无比珍视它，努力得到它。最后，我想用我们中国的哲学之父老子，在他的著作《道德经》里的两句话来结束这节课："大丈夫处其厚，不居其薄；处其实，不居其华。"什么意思呢？就是说在人际关系中大丈夫要处在淳厚、忠厚中，而不要浅薄，浅薄就是不讲信用，不诚心，不厚道。在人际关系中要处在朴实、笃实、老实中，而不要处在虚华、浮华、繁华中。

学生活动：

学生发言。

设计意图：

加深学生对诚信的理解。

课堂总结

教师活动：

让学生说一说自己身边诚实的例子，评出"诚实之星"并张贴在"诚实"一角。

学生活动：

学生分享身边故事，一起布置"诚实"一角并评选出心中的"诚实之星"。

设计意图：

通过树立良好的学习榜样，让学生能够向榜样看齐，严格要求自己做到诚实。

<h2 style="text-align:center">课后作业</h2>

教师活动：

让学生搜集关于诚实的故事或名言。

学生活动：

搜集故事或名言。

设计意图：

强化印象。

《同学相伴》教学设计

【教学主题】

同学相伴。

【教学时长】

1 学时。

【与主题（章、节）相关的教学资源名称】

纸质资源：人教版小学三年级《道德与法治》下册第一单元第 4 课。

电子资源：PPT。

其他资源：无。

【教学目标】

知识与能力：通过学习知道集体生活的重要性，学会在集体生活中与他人平等地合作与交流。

过程与方法：通过参与各种集体游戏和活动，培养与他人合作、交流的能力；通过列举一些故事或例子，学会体会他人的需要和心情。

情感、态度与价值观：培养友爱宽容、热爱集体、团结合作的品质；从小树立集体观念、合作意识和团队精神。

【学情分析】

1.经过三年半的学校生活，学生已经拥有了较多与同学相伴的生活经验。可不少学生会忽视集体生活中同学相伴的快乐，没有意识到同伴交流的快乐是独处无法体验的。校园中也存在学生对同学的忽视、冷落、不友好甚至排斥的现象，一小部分学生无法感受到共同生活的快乐。

2.学生大部分是独生子女，在家受家长宠爱，有以自我为中心的思想倾向，缺少与同伴相处的经验，互相交往中，对同学的困难、落单、被冷落很少顾及。这就需要在道德与法治的课堂中，通过有效的学习方法去引导学生，转变其思想倾向，让学生在集体生活中做到心中有他人，会考虑他人的感受。

【课前预习任务】

1.对上一节所学知识进行复习。

2.课前朗读本节课课文。

【教学内容分析】

本单元是整个三年级唯一关于学生学习同伴交往的内容，下一次的同伴交往主题学习安排在四年级下册。因此本单元是影响学生学校生活的重要因素。而本课是三年级下册第一单元"我和我的同伴"的最后一课，依据课程标准"体会同学之间真诚相待、互相帮助的友爱之情；学会和同学平等相处。知道同学之间要互相尊重，友好交往"进行编写。通过本单元前面三课学生已经认识了自己的独特性，也了解了每个人都存在个性，要理解他人的"不同"，学会和谐相处，学生也认同了诚实这一可贵品质，在这样的基础上来学习《同学相伴》，已为同伴交往做了很好的铺垫，再引导学生营建快乐美好、团结友爱的同伴关系。一个班级的学生若能感受大家相伴给自己带来的快乐,这对班级同学融洽相处有极大的帮助,能增强班级的凝聚力,因此学习这一课很有意义。引导学生体会共同生活的快乐,有利于他们初步理解共同生活对于个体的意义。

【教学重点、难点】

教学重点:知道集体生活的重要性。

教学难点:学会在集体生活中与他人平等地合作与交流。能理解他人的需要与心情,学会关爱他人。

解决措施:采取灵活的课堂教学方式,采取做调查、做游戏等教学方法和学生互动,从而达到理想的教学效果。通过引导学生结合亲身的体验,产生共鸣,使学生知道与人相处的基本准则,学会与人和谐相处;通过小游戏、小采访等活动环节,使学生在进一步讨论中学会运用与人相处的准则、学会换位思考,从而学习到集体生活的重要性,学会与他人沟通交流。

【教学方法】

情境教学法、活动探究法。

【教学环境】

教室。

【教学过程设计】

新课导入:集体对个人的重要性

教师活动:

教师播放同学相伴照片集,并引导学生进行适当回忆。

1. 想一想，辨一辨：与同学在一起是快乐的，但有的"小朋友"认为，可以不和同伴在一起。

2. 阅读角：七彩音符。

3. 编一编：请四人小组合作，只以"Do"音符编一首曲子。

4. 听音乐《好朋友》：请你比一比，只用"Do"音符编的曲子与这首用各种音符编的曲子《好朋友》相比，它们各有什么特点？

学生活动：

1. 阅读教材，对老师的三个提问进行思考。

2. 欣赏音乐《好朋友》。

设计意图：

在阅读角"七彩音符"部分，立足教材，开展"编一编"活动，发挥学生的积极主动性，拓展学生的思维，激发学生认知与情感。

利用音乐《好朋友》，比一比，将美好情感付诸声音的表达，拨动学生心灵的琴弦，使学生产生强烈的情感体验。

主题活动一：同学相伴的快乐

教师活动：

1. 小游戏：蒙眼画脸谱。

2. 小采访：你觉得这个多人游戏好玩吗？你觉得单人游戏好玩还是多人游戏好玩呢？

3. 开动脑筋：想象一下，假如没有这么多的同学，这个游戏还会这么有趣吗？

4. 小小分享会：一起来说一说与同学们在一起的快乐往事。

5. 小小讨论会：

（1）与同学在一起的感受如何？

（2）假如没有同学的陪伴，我们的生活会发生什么变化呢？

总结：你有一份快乐，我有一份快乐，彼此分享一下，我们就获得了两份快乐。同学的陪伴，是珍贵的记忆，也是快乐的见证。

学生活动：

1. 玩游戏。

2. 积极分享自己对单人游戏或多人游戏的看法。

3. 积极举手回答问题，分享与同学们在一起的快乐时光。

4. 小组讨论，积极发言。

设计意图：

通过玩游戏和对单人游戏和多人游戏的思考，认识到同学相伴能够带来更多的快乐。

开动脑筋，使学生在玩中学，在学中玩，更好地理解本节课的知识。

分享与讨论会可以锻炼学生的交流沟通能力，容易引发学生共鸣，使其更加深刻地感受、理解同学。

主题活动二：不让一个人落下

教师活动：

1. 小游戏：海岛逃生。

游戏要求：（1）小组中绝不能有任何人"落水"，否则就算失败。（2）注意安全，不要因为拥挤而摔倒。

2. 小小分享会：请你分享一下你的经验，不让任何成员"落水"的秘诀是什么呢？

学生活动：

1. 玩游戏。

2. 积极分享自己不让任何成员"落水"的秘诀。

设计意图：

通过游戏，让学生体会到同学之间真诚相待、互相帮助的友爱之情，学会互相尊重，愿意努力去营造良好的班级氛围和保持亲密的同学关系，学会感受他人的需求和心情，并能够与同学平等相处，认识到真正好的班级是不让任何一个人落下的。

主题活动三：手牵手，一起走

教师活动：

1.美文欣赏：《温情的大雁》。

（1）当一只大雁生病或受伤时，为什么会有其他的大雁留下来陪伴它呢？

（2）从大雁身上，我们能够学到些什么呢？

教师寄语：一个真正团结、有凝聚力的集体，是不会让任何一个人落下的。

2.描绘最美班级：请你想一想，你最希望同学之间的相处是怎样的？你希望拥有怎样的同学关系，怎样的班级氛围呢？

学生活动：

1.欣赏美文《温情的大雁》。

2.进行讨论思考，回答老师提出的问题。

3.畅所欲言，描绘自己心目中最美好的班级。

设计意图：

美文欣赏陶冶情操，提升学生的想象力，培养学生的语文素养。学生进行讨论，从而明白真正团结、有凝聚力的集体，是不会让任何一个人落下的。

课堂总结

教师活动：

集体不仅给我们带来许多快乐，还给我们带来成长的力量，每个人都离不开集体，集体也需要我们每个人的努力。让我们一起携起手来，共同努力、共同进步。

学生活动：

跟着教师的思路回顾整节课的内容。

设计意图：

总结提升，学生感受到同学相伴的快乐，体会到同学的重要性。同时，也知道集体生活的重要性，能理解他人的需要与心情，学会关爱他人。

课后作业

教师活动：

下课后跟同学一起玩一个游戏，把感受写下来。

学生活动：

玩游戏，写感受。

设计意图：

营造氛围，拉近学生之间的距离。

《爱心的传递者》教学设计

【教学主题】

爱心的传递者。

【教学时长】

1 学时。

【与主题（章、节）相关的教学资源名称】

纸质资源：人教版三年级《道德与法治》下册第三单元第 10 课。

电子资源：多媒体课件、音乐。

其他资源：视频、图片、故事卡片。

【教学目标】

知识与能力：知道生活中处处有爱心，懂得发现身边的爱心。

过程与方法：通过情景的设计，使学生掌握帮助他人的方法。

情感、态度与价值观：培养助人的真诚态度、善良品质。

【学情分析】

　　三年级学生是形成自信心的关键时期，在接受别人的评价时能够发现自身的价值，产生兴奋感和自豪感。关爱他人是道德教育的一个重要方面，学生或多或少在生活中接受过他人的帮助和帮助过他人，但是三年级学生判断是非的能力有限，阅历尚浅，需要老师引导学生如何正确帮助他人，感受传递爱心的意义。因此本课确定"体会和感受生活中的关爱与学习雷锋精神，懂得传递爱心"的目标。

【课前预习任务】

1. 先预习教材第 64 ~ 69 页，思考相关问题：你曾经帮助过什么人，或者受过什么人的帮助？

2. 利用自己喜欢的方式查找关于雷锋的小故事。

【教学内容分析】

本课选自人教版《道德与法治》三年级下册第三单元"我们的公共生活"。本课的话题是"爱心的传递者"，从正面案例引导学生，使其愿意在日常生活中帮助他人，包含三个内容：关爱他人和被他人关爱的经历，学习雷锋精神以及如何正确帮助他人。因此本课的目的是引导学生学会奉献和传递爱心。

【教学重点、难点】

教学重点：知道生活中处处有爱心，学会感受生活中各种各样的关爱。

教学难点：学习雷锋精神，懂得传递爱心。

解决措施：教师运用教授法和互动演示法等实施教学，达到教学目的。

【教学方法】

1. 教法：情景教学法、活动教学法、任务驱动教学法。

2. 学法：合作探究法、小组展示法。

【教学环境】

教室。

【教学过程设计】

新课导入：出示义卖照片

教师活动：

教师出示所在学校的"爱心义卖"活动的照片，并提出问题：

1.请你说一说,你是怎样参与我校"爱心义卖"活动的？过程是怎样的？

2.你觉得我校举行这次活动有什么意义？你有什么感受？

学生活动：

学生观看照片，思考并回答问题。

设计意图：

通过义卖活动的照片，让学生回忆当时的情景，吸引学生注意力，能够迅速将学生带进课堂中，开启课堂教学引出新课，切入本节课的主题。

主题活动一：我们都有爱心

教师活动：

小小分享会：请你回想一下，你曾经还给过别人什么关心或帮助？

学生活动：

学生独立思考，举手回答分享。

设计意图：

通过学生举手回答分享自己的经历，贴近生活，贴近学生，容易引起其他学生的共鸣，让其更好地理解帮助他人、传递爱心的意义。

主题活动二：善于帮助别人

教师活动：

教师引导学生阅读教材第 67 页，提出问题：

1. 请你想一想，这两位同学的助人意愿为什么会被拒绝呢？

2. 我们该如何表达助人的意愿？请你演一演。

学生活动：

学生根据自己的理解上台展示自己的答案。（可通过语言表达或者实际行动演示）

设计意图：

学生通过自己的独立思考和体验，得出答案，能够正确认识如何帮助他人，传递爱心。

主题活动三：重阳节献"爱心"

教师活动：

教师引导学生阅读教材第 68 页，提出问题：

1. 想一想，如果你是公寓的老人，在重阳节，同一天被志愿者洗了几次脚，而其他日子里却无人问津，你的感受是什么？

2. 只在某一个时段做好事，是为了完成任务，还是出于真诚的关爱？你想对志愿者们说些什么呢？

3. 你认为在帮助他人时，还要注意什么呢？

学生活动：

学生在四人小组中交流自己的理解，上台展示自己的答案。

设计意图：

通过认真体会，学会换位思考，理解他人的需要，给他人最恰当的帮助。

主题活动四：特殊的岗位

教师活动：

教师引导学生阅读教材第 69 页，提出问题：在这个故事当中，为什么老师们要特设这个岗位，而且"悄悄地"不让方明知道真相呢？

学生活动：

同桌讨论。

设计意图：

通过讨论学习，让学生学会在帮助他人的时候要尊重他人，保护他人的隐私，感同身受地了解他人的需要，真诚地帮助他人。

课堂总结

教师活动：

教师总结板书，带领学生共同学习歌曲《感恩的心》手语操。

学生活动：

学生跟随老师学习歌曲《感恩的心》手语操。

设计意图：

学生在本课的总结环节中能够认识到生活中处处充满爱心，我们都可以是爱心的传递者，我们要学习雷锋精神，运用正确的方法帮助他人，奉献爱心。

课后作业

教师活动：

小组共同完成一次爱心活动。

学生活动：

完成任务。

设计意图：

学习致用。

第九章　四年级教学设计

《少让父母为我操心》教学设计

【教学主题】

少让父母为我操心。

【教学时长】

1学时。

【与主题（章、节）相关的教学资源名称】

纸质资源：人教版小学四年级《道德与法治》上册第二单元第4课。

电子资源：PPT课件，图片。

其他资源：便利贴。

【教学目标】

知识与技能：学生感受父母的关心，学会关注父母的情感，学会换位思考。

过程与方法：通过视频再现父母生活中的镜头引导学生走进父母的内心世界，真真切切地体会父母为子女和家庭全身心的付出。借助"职业体验馆""小记者采访"等活动感受父母在不同岗位上工作时的责任与辛劳。通过"互换空间"的体验活动学会换位思考，去关注父母的内心和精神世界，从而激发学生关心父母的情感。借助"场景对对碰""情感专线"等活动引导学生懂得管好自己、分担一些家务也是为父母分忧的好方法。

情感、态度与价值观：引导学生在故事情境中感受父母浓浓的爱，在学会感恩的基础上学习如何关心父母，主动为父母分忧，从而培养学生从内心去爱父母及身边人的情感。

【学情分析】

四年级的学生接受新事物的能力强，可塑性强，个性鲜明。他们正处于品质和习惯形成的关键期。在这个时候更需要老师引导和周围同学帮助，使他们学会感恩，提升他们的责任意识。只有这样，他们才能更加健康自信地成长，更加适应未来的工作和生活。

【课前预习任务】

1. 课前调查父母一天做了哪些事。

2. 跟随爸爸或妈妈上一天班并记录相关信息，或者对父母进行访问并记录。

【教学内容分析】

《少让父母为我操心》是人教版《道德与法治》四年级上册第二单元"为父母分担"的第一课，本单元旨在引导学生深入体会父母生活的不易、工作的辛苦，从而懂得感恩父母长辈的养育之恩，承担起自己的家庭责任。

本课与本单元其他两课为递进关系,旨在感受父母的不易,引导学生懂得分担,学会关心父母。

【教学重点、难点】

教学重点:激发学生感恩父母的情感,并在实际生活中践行。

教学难点:增强自理能力,做好自己的事情,积极帮助父母完成力所能及的事情,少给家长添麻烦,用实际行动感恩父母。

解决措施:用活动的方式,设置不同的生活情境,指导学生学习用恰当的方式表达自己对家人的关心。

【教学方法】

教法:启发式教学法、情境创设法。
学法:活动探究法、合作学习法。

【教学环境】

教室。

【教学过程设计】

新课导入:说说心里话

教师活动:

师:有一个叫小鹃的孩子,跟我们一样大。她通过对生活中一些小事的观察,写下了这样一篇日记,表达了自己的心声。我们一起来听一听小鹃的心里话:(出示教材第25页的阅读角)

1.看一看,小鹃爸爸都做了些什么?听到小鹃的心里话,你有什么感受？

2. 想一想：父母为我们做了些什么？

小结：听了同学们的发言，老师觉得大家真的好棒呀！现在我们长大了，让我们了解父母都在做些什么，试着体会他们的辛劳吧。

学生活动：

（1）学生阅读教材第 25 页内容。

（2）小组合作，探究问题

☆和父母在一起时，你留意过他们在做什么吗？

☆你从哪里感受到小娟爸爸的辛苦？

（3）先在小组内交流，各组推荐代表，全班交流与分享。

设计意图：

有人说：最好的教育就是触动人的心灵。这个环节的设计展示了孩子心理变化的过程，他们从小鹃的故事联系到自己的生活，从回望中逐步感受到父母的辛苦。

主题活动一：走近父母

教师活动：

1. 同学们，相信大家对时钟都不陌生吧。今天老师这里有一张时钟表（出示第 25 页图片），大家看看和我们平常见到的有什么不一样呢？

师：是呀！因为它是一张特殊的时钟表，他将记录着我们每个家庭的父母，在不同的时段，每天都要做什么？

2. 现在请同学们静下心来，仔细回忆一下，父母每天在不同的时段都在家里忙些什么？

师：是呀！从早到晚，父母总在忙碌，为工作努力，为生活奔波，为我们操心……

学生活动：

积极回答教师提出的问题。

设计意图：

引发学生对自己父母的情感共鸣，让其认识到自己父母的不容易。

主题活动二：画一画我家的时刻表

教师活动：

1.看一看：（课件出示教材第 24 页的图片）

请大家仔细看图，大家看明白了什么？

师：是呀！每个家庭不同，事情也不同。我们也来学着用这样的方式，根据自己家的情况，画一画自家的"时刻表"。

2.画一画：在教材第 25 页的空白时钟上画出自己家庭的时刻表，然后说一说从这张家庭时刻表中发现了什么。

师小结：同学们都观察得很仔细，当和父母在一起时，都留意到了他们在忙些什么。平时他们都是这样年复一年、日复一日地忙碌着。相信大家此时此刻看着家里的时刻表，一定有很多的感触吧！

学生活动：

（1）独立画自家的时刻表。

（2）小组合作，探究问题：

☆你有没有在家帮父母做过家务活？

☆你是否体会过父母做这些家务活的辛苦？

（3）先在小组内交流，各组推荐代表，全班交流与分享。

设计意图：

这个环节的设计旨在帮助孩子们回望生活，通过"看一看""画一画"再到"说一说""想一想"，让他们从司空见惯的父母辛劳中有所发现，有所触动。

主题活动三：我的父母

教师活动：

游戏规则：

1.以小组为单位，轮流介绍自己的父母，比一比谁最了解自己的父母，对父母的介绍最全面。

2.分享"父母做过最让我感动的一件事"。

3.通过分享交流，大家觉得大家的父母有什么相同点和不同点？

小结：大家的父母表达爱的方式可能不同，带给我们的感受也有所不同，但是每一个人的父母都真心疼爱自己的孩子。父母的疼爱让我们感到温暖和幸福，用心地了解父母、体谅父母，就是对爸爸妈妈疼爱自己最好的回报。

学生活动：

1.小组合作，轮流介绍自己的父母。

2.分享"父母做过最让我感动的一件事"。

3.讨论"大家的父母有什么相同点和不同点"，先在小组内交流，各组推荐代表，交流与分享。

设计意图：

帮助学生加深对父母的了解，引导学生体察并理解父母对自己的疼爱，进而体谅父母。

主题活动四：小记者行动

教师活动：

1.课前，老师要求同学们对爸爸、妈妈的工作进行了一次小记者访问，

我们先来看看洋洋同学对他妈妈进行的访问实录。（课件出示课本第 27 页的访问实录）

2.你觉得洋洋妈妈的工作辛苦吗？为什么？

3.假如你是洋洋，你想对妈妈说些什么，做些什么呢？

4.现在请同学们拿出自己的访谈记录和同学交流。

5.通过交流大家有什么收获呢？

我们都发现了不同工作有不同的辛苦之处，他们有的工作单位离家很远，每天都要坐很长时间的公共汽车去上班；有的每天下了班回到家还要陪伴我们学习；每当我们休息了，爸爸妈妈还在做家务……爸爸妈妈多辛苦！

学生活动：

（1）小组合作，探究问题：

☆通过上述采访，你能看出什么？

☆如果采访对象是你，你会怎么办？

（2）先在小组内交流，各组推荐代表，全班交流与分享。

（3）自主设计：

☆当你面对自己父母时，你会怎么提问？

☆听完父母的回答，你心里有怎样的感受？

（4）先在小组内交流，各组推荐代表，全班辩论、交流与分享。

设计意图：

通过小记者行动，让学生加深对父母的理解，意识到父母工作的不易。

课堂总结

教师活动：

我们都知道其实父母非常辛苦，我们作为孩子需要关心、疼爱爸爸妈妈，不让他们担心，做一个孝顺的好孩子。

学生活动：

发表自己的见解，分享课堂收获与感受。

设计意图：

总结课堂，点明主旨。

课后作业

教师活动：

选择跟父母上一天班的同学，请记住下面的温馨提示哦！（出示教材第 26 页的"小贴士"）

选择采访爸爸妈妈的，请翻开书本第 28 页，看看设计访问提纲。访问的同学也要用心地读访问的"小贴士"。

整理好访问实录，写下自己的感受，下节课与大家一起交流。

学生活动：

根据教师的指令进行讨论并分享提前准备好的采访实录。

设计意图：

无论学生选择怎样的方式，都能让他们再进一步感受父母的辛苦，也是为下节课做好充分的准备。

附：

访问提纲			
访问对象		职业	
工作时间		上班路程	
访问人		访问时间	
问题一	您的工作内容是什么？		
回答一			
问题二	在平时的工作中，您觉得最辛苦的是什么？		
回答二			
问题三	工作中，您遇到的最大苦恼是什么？		
回答三			
问题四			
回答四			

亲爱的＿＿＿＿＿＿：

＿＿＿＿＿＿＿＿＿＿＿＿＿＿＿＿＿＿＿＿＿＿＿＿＿＿＿＿＿＿＿＿

＿＿＿＿＿＿＿＿＿＿＿＿＿＿＿＿＿＿＿＿＿＿＿＿＿＿＿＿＿＿＿＿

＿＿＿＿＿＿＿＿＿＿＿＿＿＿＿＿＿＿＿＿＿＿＿＿＿＿＿＿＿＿＿＿

＿＿＿＿＿＿＿＿＿＿＿＿＿＿＿＿＿＿＿＿＿＿＿＿＿＿＿＿＿＿＿＿

您的＿＿＿＿＿＿：＿＿＿＿＿＿

＿＿＿＿＿年＿＿＿月＿＿＿日

《我们的好朋友》教学设计

【教学主题】

我们的好朋友。

【教学时长】

1 学时。

【与主题（章、节）相关的教学资源名称】

纸质资源：人教版小学《道德与法治》四年级下册第一单元第 1 节。

电子资源：PPT 课件、图片、视频《我们的好朋友，海绵宝宝的独场白》①。

其他资源：无。

【教学目标】

知识与能力：了解什么是真正的友谊，学会区分益友和损友；提升交友的能力，并把交友技巧运用到生活当中去。

过程与方法：通过活动和交流，体会友谊的重要性；通过讲授，掌握交友技巧以及学会区分损友和益友。

情感、态度与价值观：通过活动体验，树立正确交友的意识；通过课程学习，学会恰当表达自己的看法。

---

① 视频来源：https://www.bilibili.com/video/BV1Sz4y1D79L?from=search&seid=196473507483671818.

【学情分析】

1.从心理特点来看,四年级的学生活泼开朗,性格较为单纯,但此时学生逐渐进入叛逆期,自我意识增强,产生强烈的成人感与独立意识,并且大多数此阶段的学生希望集体或者朋友能够关注到他的行为,往往会选择采取一些偏激性的行为,引发矛盾冲突。

2.从认知程度来看,四年级的学生已经有了一定的交友经验,对友谊有渴望、有珍惜,但是对如何维系长久愉悦的友情和如何辨别真正的友谊缺乏理性的思考,因此通过学生自身的交友经验作为本课学习的切入点引出本课教学主题与活动。

【课前预习任务】

布置学生在课前写下自己是如何与他／她成为好朋友的,以及与好朋友之间的开心事。

【教学内容分析】

本课主要围绕着"好朋友"这个主题展开教学活动。在导入新课环节,引用学生感兴趣的动画视频,将学生的注意力转移到本课教学内容上来。在新授环节,教师主动分享自己与好朋友的故事,引导学生积极分享与好朋友之间发生的趣事,感受到与好朋友相处的快乐。学生分享完后,教师展示几位无法交到好朋友的同学的案例,通过小组合作探究的方法,学生各抒己见,提供交友小技巧,以此来培养学生自主合作探究能力与表达能力。此外,通过顺口溜的形式加深学生对交友技巧的理解,将技巧内化于心,外化于行,运用到学习与生活中去。接着,通过游戏的方式,学生能更加深刻地认识到朋友中不仅包括了益友,还包括了损友,并且体会到结交益友的重要性以及制止损友错误行为的必要性。再通过创设情境，引发学生思考当好朋友提出不合理要求时该如何做，引导学生学会正确处理在实际生活中遇到的类似问题，树立起正确的三观。最后，学生通过制作友谊卡，学会表达对好朋友的友爱之情，增进彼此之间的友谊，培养学生团结友爱的情感。

【教学重点、难点】

教学重点：理解什么是真正的友谊，区分益友和损友。

教学难点：初步掌握交友技巧，学会恰当表达自己的看法。

解决措施： 运用活动教学法设置游戏环节，引导学生理解什么是真正的友谊以及正确区分益友和损友。运用情境创设法，创设相关情境，引导学生合作探究解决办法，掌握交友技巧，合理、恰当地表达自己的想法。

【教学方法】

教法：讲授法、情境创设法、活动教学法、启发式教学法。

学法：合作探究法。

【教学环境】

教室。

【教学过程设计】

新课导入：观看视频

教师活动：

播放视频《我们的好朋友，海绵宝宝的独场白》片段。

学生活动：

学生观看视频，回想起自己的好朋友。

设计意图：

播放学生感兴趣的动画视频，吸引学生注意力，引出本课内容。

主题活动一：说说我的好朋友

教师活动：

教师讲述自己与好朋友的故事，并且引导学生进行分享活动。

1. 你是怎么与他／她成为好朋友的？

2. 你们之间发生过什么开心的事情？

学生活动：

学生结合自己的实际情况进行分享。

设计意图：

1. 教师讲述自身事例，学生产生共鸣并回忆起自己的好朋友。

2. 学生在分享中感受与朋友和谐相处的快乐，体会友谊带来的温暖。

主题活动二：合作探究交友小技巧

教师活动：

教师展示图片并提问：每个人都渴望交朋友，但是玲玲、凯凯、雅丽和张猛却很难交到朋友，他们该怎么做才能交到好朋友呢？

学生活动：

学生围绕该问题，开展小组讨论，学生代表上台展示讨论成果。

教师总结并引导学生齐读《交友技巧顺口溜》：

> 与人交往有学问，朋友对你才信任。
>
> 第一待人要真诚，说到做到讲信用。

第二胸怀要宽广，别人进步我高兴。

第三常为别人想，伙伴困难多关心。

第四受助要感谢，点滴恩情记心上。

第五小事不计较，得让人处且让人。

第六性格要开朗，给人带来好心情。

我们相聚在一起，好比兄弟姐妹亲。

相互结成好朋友，每天生活都开心。

设计意图：

1.通过小组讨论活动，培养学生自主合作探究的能力，培养理性思维、勇于探索等核心素养。

2.通过展示顺口溜，促进学生对交友技巧的理解，使其将技巧内化于心，外化于行，运用到学习与生活中去。

主题活动三：蒙眼寻宝辨益损

教师活动：

教师组织开展两轮蒙眼寻宝游戏，设定一名指挥者，一名蒙眼寻宝者。

第一轮：指挥者说出正确的"藏宝"位置；

第二轮：指挥者故意说错"藏宝"位置。

游戏后提出问题引发学生思考：是什么造成了两轮游戏结果的不同？

教师引导得出结论：益友是成长的伙伴，他们的帮助能够促进我们的学习、生活。损友则会阻碍我们成长的进程，我们应当主动积极对他们进行引导。

学生活动：

1.学生参与游戏，在游戏中感受益友与损友对自己的影响。

2.学生思考后积极回答。

设计意图：

1.通过蒙眼寻宝游戏，一方面能够提升整堂课的趣味性，另一方面能够贯彻寓教于乐的教育原则，学生在玩中学，学中玩，认识到什么才是真正的友谊，感受益友对学习、生活和成长的重要性，突破本课教学重点。

2.通过教师引导总结，学生初步形成辩证看待、分析问题的能力。

主题活动四：大家一起帮帮他

教师活动：

教师展示案例情境：假如李杰是张华的好朋友，某天张华与另一名同学产生了口角纠纷，为了报复，张华叫李杰帮忙出手"教训"他，李杰该怎么做？

教师引导得出结论：要学会恰当表达自己的看法，对于不能帮的事情坚决说"不"，并且指出其错误之处，以免自己的好朋友误入歧途。

学生活动：

学生思考后踊跃回答。

设计意图：

通过探究活动，引导学生学会正确处理在实际生活中遇到类似的问题，并使学生树立起正确的三观。

课堂总结

教师活动：

教师引导学生一起板书、总结本课知识点。

学生活动：

学生紧跟老师思路，共同梳理本课知识点。

设计意图:

完善知识的逻辑结构,促进学生从整体上把握本课的知识点。

课后作业

教师活动:

布置课后作业:制作"友谊卡"。

学生活动:

学生制作"友谊卡",将自己想对朋友说的话写在友谊卡片上送给自己的好朋友。

设计意图:

学会表达对好朋友的友爱之情,增进彼此之间的友谊,培养学生团结友爱的情感。

《说话要算数》教学设计

【教学主题】

说话要算数。

【教学时长】

1学时。

【与主题（章、节）相关的教学资源名称】

纸质资源：人教版四年级下册《道德与法治》第一单元第2课。

电子资源：多媒体。

其他资源：无。

【教学目标】

知识与技能：知道诚信是中华民族传统美德，了解失信的原因，学会抵挡诱惑、克服困难，做到说话算数；了解说话算数的重要意义，在生活中努力成为一个讲诚信的人。

过程与方法：通过观看视频、案例分析，明白诚实的重要性，养成讲诚信的好习惯。

情感、态度与价值观：通过本课的学习，学生树立诚信意识，在生活中逐步养成说到做到的好习惯。

【学情分析】

本次授课对象是四年级学生。他们在三年级时已经学习了诚实的相关知识，但对守信及其重要性的认识还比较粗浅，个人体验上也不够完整和深入。在生活中，他们有意无意地就会出现失信的行为，很难做到自觉地、有意识地对他人和对自己守信。因此，帮助学生了解失信的原因，认识和感受失信行为带来的后果，促进守信意识的形成是非常有必要的。

【课前预习任务】

学生回想自己失信的经历。

【教学内容分析】

本课是人教版《道德与法治》四年级下册第一单元"同伴与交往"的第二课，具有承上启下的作用。

本课对应的课程标准内容是我的健康成长：理解做人要诚实守信，学习做有诚信的人。而诚实品质是三年级的学习内容，本课的学习内容是守信品质。

本课包括"说话不算数"和"做一个对人对己守信的人"两个框题。第一框由"谁还相信他的话"和"为什么说到做不到"两个话题的内容构成，旨在帮助学生了解失信行为和后果，分析不守信的原因。在"谁还相信他的话"中，教材设计了失信的案例，通过对失信行为的讨论，角色扮演和故事分享等，揭示失信行为造成的影响、后果。在"为什么说到做不到"中，教材引导学生分析不守信的常见原因，帮助学生找到解决的办法，促进学生成为一个说到也做到的人。第二框由"那些说话算数的人"和"对自己说话算数"两个话题的内容构成。教材通过一系列的情景故事的设置，或范例，或引发思考，一步步引导学生进行角色体验，指导学生认识守信的意义和价值，有效促进学生守信品质的形成。教材还设计了具有传统文化教育意义的成语故事、名言警句等，引导学生了解我国传统文化中有关守信的成语故事等，帮助学生认识到守信是我们应该继承的传统美德。在"对自己说话算数"中，教材以范例的形式引导学生思考对自己是否也要守信的问题，让学生明白，不仅要对他人守信，而且要对自己守信。不仅如此，还通过范例引导学生如何做到对自己说话算数，让学生掌握对自己守信的方法。

【教学重点、难点】

教学重点：了解失信的原因，学会抵挡诱惑、克服困难，做到说话算数。

教学难点：树立诚信意识，在生活中逐步养成说到做到的好习惯。

解决措施：通过创设情境等方法，回归生活，贴近学生、生活、实际，便于学生理解。

【教学方法】

教学方法：任务驱动法、情境教学法、活动教学法。

学习方法：自主学习法、合作探究法、小组展示法。

【教学环境】

多媒体教室。

【教学过程设计】

新课导入：播放视频

教师活动：

教师展示拖欠工资案例。

学生活动：

学生认真观看。

设计意图：

通过案例，引发学生对被欠薪工人的同情、对欠薪者的愤怒之情，激发对"信用"的向往之情。

主题活动一：展示案例，链接生活

教师活动：

教师展示法律对欠薪案子的审判，展示我国"信用"平台。

学生活动：

学生认真观看。

设计意图：

让学生们知晓国家法律对信用的制约，明白信用既是道德范畴，也是法治范畴，从小要重视"信用"意识和行为。

主题活动二：失信于人，害人害己

教师活动：

教师组织学生讨论失信的危害。

学生活动：

学生分组进行讨论，并分享成果。

设计意图：

在活动的过程中，进一步感受失信带来的危害，增强道德意识与法治意识。

主题活动三：自我反省，努力改正

教师活动：

教师引导学生进行分享活动：你是否有过说话不算数的经历，为什么说到做不到呢？

学生活动：

学生分享自己的生活经历。

设计意图：

回归生活，学生反思自己说话不算数的经历，找准病根，为有效"自我治疗"打基础。

主题活动四：我们都是守信人

教师活动：

教师课前收集学生守信事迹及相关素材，制成视频《我们都是守信人》，并在课上播放。

学生活动：

学生观看视频。

设计意图：

回归生活，突破难点，以学生自身故事激励学生在生活中做一个讲诚信的人。

课堂总结

教师活动：

教师总结课堂知识。

学生活动：

学生认真听讲。

设计意图：

总结知识，使学生认识失信的原因，学会抵挡诱惑、克服困难，增强诚信的道德意识与法治意识，做到说话算数。

课后作业

教师活动：

教师布置学生搜集生活中不信守承诺的案例。

学生活动：

学生课下搜集生活中不信守承诺的案例，分享给同学、朋友及家人，并一起分析商讨带给生活的警示。

设计意图：

通过实践，增强学生守信意识。

《当冲突发生》教学设计

【教学主题】

当冲突发生。

【教学时长】

1学时。

【与主题（章、节）相关的教学资源名称】

纸质资源：人教版小学四年级《道德与法治》下册第一单元第3课。

电子资源：PPT课件、图片。

其他资源：锦囊袋。

【教学目标】

知识与技能：了解"愤怒"的情绪会导致冲突发生；掌握运用"情绪ABC理论"调节情绪的方法，避免冲突发生，避免情绪障碍。

过程与方法：让更多的学生懂得换位思考，缓解生活中的冲突并探讨冲突产生的原因。

情感、态度和价值观：培养学生宽容的品质，让学生树立避免冲突、和谐相处的情感意愿，建立乐于学习、提升认知的积极态度。

【学情分析】

四年级学生智力发展、学习能力达到一定水平，但是对情绪的自控能力、执行功能水平仍较低，对于很多情绪、行为无法控制。这种无力感令他们对自身、对社会都会产生较大困惑。所以，应该培养他们"同感"能力和执行功能，这是社会情绪能力中的核心能力。

【课前预习任务】

让学生提前预习课本，想象如果和别人发生冲突了，自己要怎么做。

【教学内容分析】

本单元整体教学内容为引导学生感受同学之间真诚相待、互相帮助的友爱之情，学会和同学平等友善相处，构建良好人际关系。本课侧重于引导学生妥当处理与同学间的冲突，维护双方权益和友谊。

【教学重点、难点】

教学重点：学会运用"情绪 ABC 理论"调节情绪。

教学难点：构建多元化认知能力、情绪调节能力，能在日常生活中切实践行。

解决措施：学生多交流，与小伙伴相处时要多为别人着想，尽量避免矛盾的发生。

【教学方法】

教法：直观演示法、知识讲授法。

学法：角色扮演法、活动探究法。

【教学环境】

教室。

【教学过程设计】

新课导入：我的经历

教师活动：

以教材第18页的图例引出话题。

老师提问：这些图片中关于校园内一些常见的冲突场景，你们自己是否有过类似的经历或见闻？当时你的感受如何？

学生活动：

学生谈经历及感受。

设计意图：

引出本课主题，贴近生活，激发学生参与学习的意愿。

主题活动一：篮球风波启示

教师活动：

1.教师播放《篮球风波》校园冲突视频。

2.引导学生分析导致冲突的原因：

（1）沟通不畅；

（2）妄自猜测；

（3）愤怒情绪。

3.引导学生明白：有些情绪若过度会影响心理健康、破坏人际关系，我们要学会合理应对。

4.找到化解冲突的方法：

（1）良好沟通；

（2）了解真相；

（3）降低愤怒。

学生活动：

1. 观看视频并发言。

2. 分析冲突发生的原因，加深对情绪负作用的认识，寻找化解冲突的方法。

设计意图：

探究出导致冲突的各种因素，并对冲突造成的伤害产生畏惧，激发寻求冲突化解方法的意愿及方法。

主题活动二：我的认知真神奇

教师活动：

展示教材第 19 页图片，结合此内容设计情景剧——楼梯处发生碰撞。课前将发生碰撞的原因多元化设计，并写在纸条上放入 2 个小锦囊袋，组织学生现场演绎。

场景 1：

A：同学，你为什么跑这么快？撞疼我了。（语言内容：说感受，问原因）

B：对不起，我的眼镜落在操场上了，眼睛模糊看不清，急着去找眼镜。（语言内容：道歉，说原因）

场景 2：

A：同学，你为什么跑这么快？撞疼我了。（语言内容：说感受，问原因）

B：对不起，我的朋友摔跤受伤在流血，我急着去找校医和老师。（语言内容：道歉，说原因）

场景 3：

A：同学，你为什么跑这么快？撞疼我了。

B 没有回话，而是径自离开了。

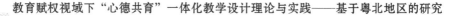
提问：为了平复我的不良情绪，我可以怎样想？

教师小结：我们可以通过良好沟通等方式，获得理性的"认知与评价"，来调节"情绪与行为"。

学生活动：

演员和观众们在情景剧中关注自己内心感受，体验情绪状态，认真回答问题。

设计意图：

通过情景剧表演，加深学生体验，使其感受"认知"与"情绪"间的关系。

主题活动三：我的情绪我作主

教师活动：

展示教材第 21 页图片，设计情景，组织全班学生同桌间练习。

老师提问：如果同桌间手臂碰撞导致字写歪了，此时我们如何交流可以化解冲突？

学生活动：

全体学生参与，同桌间演绎情景，并分享其解决的过程及体验感受。

设计意图：

通过课堂练习，让学生巩固所学知识，灵活运用方法，提升实践能力。

课堂总结

教师活动：

"情绪和行为"产生的根本原因是"认知和评价"，"激发事件"只是直接原因。我们可以通过良好沟通等方式，获得理性的"认知与评价"，来调节"情绪与行为"。

学生活动：

表达自己的看法和感悟。

设计意图：

总结提升。

课后作业

教师活动：

教师以"我会这样化解冲突"为题，引导学生在日常生活中运用本课所学的沟通方法。

学生活动：

将课堂所学方法运用于日常生活。

设计意图：

学以致用。

第十章　五年级教学设计

《与人沟通讲方法》教学设计

【教学主题】

与人沟通讲方法。

【教学时长】

1学时。

【与主题（章、节）相关的教学资源名称】

纸质资源：人教版小学五年级《道德与法治》上册第一单元第2课。

电子资源：PPT课件、图片。

其他资源：无。

【教学目标】

知识与技能：了解双向的语言沟通的作用。

过程与方法：通过体验、探究等方式，学会化解矛盾的语言沟通方法。

情感、态度与价值观：在沟通交流中能够理性看待不同的看法，积极沟通。

【学情分析】

五年级的学生对于在交往中出现观点分歧的原因已经有了初步的认知，在情感上能够理解并接纳他人与自己不同的观点，知道应理性看待并积极进行沟通交流，这为问题的解决奠定了认知与情感的基础。

【课前预习任务】

让学生提前预习课本内容。

【教学内容分析】

本课为人教版小学五年级《道德与法治》上册第一单元第 2 课《学会沟通交流》的第 3 个话题，设计为第 2 课时内容。本课旨在引导学生懂得在达不成共识时，要给对方尊重，要进行自我反省，从而掌握一定的表达与倾听的方法。

【教学重点、难点】

教学重点：学会化解矛盾的语言沟通方法。

教学难点：准确运用化解矛盾的语言沟通办法，并能在日常生活中切实践行。

解决措施：让学生体验、思考，通过这种自行探索的途径构建起认知，学会化解矛盾的语言沟通方法。

【教学方法】

教法：直观演示法、知识讲授法。

学法：角色扮演法、活动探究法。

【教学环境】

教室。

【教学过程设计】

新课导入：折纸游戏

教师活动：

1.老师背对学生，发出指令，学生只听不能询问，师生同时按指令折纸。完成后核对一致性。

2.老师背对学生，发出指令，学生可以询问，师生在沟通中同时按指令折纸。完成后核对一致性。

3.老师引导学生思考：为什么两次活动的一致性有差异？

学生活动：

学生按游戏规则操作，观察、思考，回答老师提出的问题。

设计意图：

构建本课学习主题的基础，体会双向的语言沟通的作用。

主题活动一：情景体验

教师活动：

1.组织4名学生分两组进行情景表演：

（1）小刚和小明相约，但小明迟到 20 分钟。

（2）小刚和小明相见时，按老师设计的对话交流，并有相应的肢体语言。

2. 老师提问：这个情景表演，因为交流的内容、倾听的方式不同，结果也完全不同。同学们找到如何化解矛盾的方法了吗?

学生活动：

1. 学生表演，并进行两轮对话：

（1）小刚瞪着小明，面带怒意，用手指着对方说："你真不守时！"小明也瞪着小刚，面带怒意，用手指着对方说："你太小气了，等我一会儿就发脾气。"

（2）小明看着小刚，面带歉意，用手拍拍自己的胸口说："我迟到了，我应该调好闹钟及时出发，就不会迟到了，对不起。"小刚也看着小刚，面带微笑，用手拍拍自己的胸口说："我明白了，你已经认识到自己的错误，相信你下次一定不会这样了，我原谅你。"

2. 学生观看表演后，谈认识与感受。

（1）如果只强调他人的责任，用"你"句式，会产生不良的情绪，激发矛盾。

（2）如果先强调自己的责任，用"我"句式，一般不会产生不良情绪，甚至能获得谅解，化解矛盾。

设计意图：

让学生体验、思考，通过这种自行探索的途径而构建起的认知，会更稳固，更容易内化，从而真正掌握。

主题活动二：镜子练习

教师活动：

1.组织学生同桌之间进行表演：

（1）校运会前夕，李小强找体育委员钱小明报名，想参加短跑项目。但钱小明告诉李小强，因为名额已满，他不能报这项比赛。

（2）左列学生演李小强，右列学生演钱小明，双方用强调自己责任的"我"句式对话，并以真诚的态度倾听，化解矛盾。

2.老师请有代表性的小组分享表演。

学生活动：

1.全体学生参与，同桌间演绎情景。

2.体验表演过程中的内心感受，学习正确的沟通方法，然后分享收获。

设计意图：

通过课堂练习，巩固所学知识，灵活运用方法，提升实践能力。

课堂总结

教师活动：

与人沟通是一门艺术，也是一种态度。如果事事能换位思考体谅他人，特别是多用"我"句式反思自己的问题，就能化解许多矛盾，也能提升自己的修养。

学生活动：

表达自己的看法和感悟。

设计意图：

总结提升。

课后作业

教师活动：

教师以"我会这样沟通"为题，引导学生在日常生活中运用本课所学的沟通方法。

学生活动：

将课堂所学方法运用于日常生活中。

设计意图：

学以致用。

《读懂彼此的心》教学设计

【教学主题】

读懂彼此的心。

【教学时长】

1 学时。

【与主题（章、节）相关的教学资源名称】

纸质资源：人教版五年级下册《道德与法治》第一单元第 1 课、信件。
电子资源：教学视频。
其他资源：无。

【教学目标】

知识与技能：学生能够认识到自己在成长过程中心理方面发生的变化，能够从亲人的细微言行中观察发现亲人的爱；学生能够认识到主动交流与沟通的重要性，学会控制和调节自己情感的方法；学生能够知道自己与家人产生不愉快的原因，能够理解家人以不同方式表达出来的关爱。

过程与方法：通过掌握沟通的技巧，学会表达自己的情感；通过小组讨论，故事分享，明白家人的情感，表达对家人的理解和关心。

情感、态度与价值观：学生能够体会家人的爱意，理解家人的心。

【学情分析】

1.随着年龄的增长和自我意识的逐渐增强，学生们有时会觉得家人说的话和要求做的事与自己内心的想法不一致，有时还会与家人产生一些不愉快；而在长辈眼中，他们缺乏生活经验和社会阅历，言行举止上的一些变化会让家人感到困惑，认为其不懂事。学生们身心发育不成熟，换位思考能力不强，不能很好地观察发现家人的爱。

2.部分小学生在家庭中经常与父母发生冲突，影响了学生个人与家人之间的关系。缺乏主动交流会进一步恶化家庭成员间的关系，而主动与家人交流不仅能够有效缓解双方的矛盾，而且会促进学生理解家人与家人理解孩子。

【课前预习任务】

学生自主课前阅读课文，课前齐读本课"读懂彼此的心"课文文段。

【教学内容分析】

本课是《道德与法治》五年级下册第一单元"我们一家人"的第一课内容。从单元的名称"我们一家人"，我们能够知道这里的"读懂彼此的心"更偏向学生与家人间双方的理解，而这离不开语言沟通和文字交流，也就是处理家人间的关系。而"读懂彼此的心"作为开篇课文，与上册承上启下，承上部分联系较浅，更偏重于启下，为后面单元与课程的展开起到一个铺垫的作用。

【教学重点、难点】

教学重点：学会透过家人各种不同的爱的方式，体会其背后家人的爱意，理解家人的心；学会以积极的态度和有效的方法，主动与亲人沟通并化解矛盾。

　　教学难点：面对家庭冲突和矛盾时如何理解家人，化解语言冲突。五年级孩子正处于情绪情感的突变期，也是控制和管理情绪的关键期。

　　解决措施：能够在教学过程中形成"虽然家人与我不同，但我们都是双方爱着彼此"的这一观念，并在该观念的指导下，能够理解家人的行为，正确地表达需求，主动去与家人交流沟通。

【教学方法】

　　教法：情景教学法、任务驱动法、活动教学法。
　　学法：自主学习法、合作探究法、小组展示法。

【教学环境】

　　生理环境：学生精神面貌良好，课堂自我调节能力较强。

　　心理环境：具有一定独立思考的能力，也相对比较自我，有的学生不愿意受到父母过多的干预，与父母的交流、沟通也越来越少，渴望被当作大人对待，在思想和行为上往往盲目性较大，说话也不注意分寸，因此容易导致消极、叛逆情绪形成和堆积，诱发心理健康问题。

　　物理环境：多媒体教室，人教版五年级下册《道德与法治》纸质教材，以六人为单位的小组。

【教学过程设计】

新课导入：播放音频

教师活动：
播放音频《爸爸去哪儿》。

同学们，今天老师带来了一首好听的歌曲，请大家欣赏一下，这首歌叫什么？

学生活动：

学生聆听音频，回答问题（《爸爸去哪儿》）。

设计意图：

播放音频，吸引学生注意力，根据《爸爸去哪儿》剧集讲述孩子与家人们生活中的快乐与不愉快，从而导入新课。

主题活动一：分享我们的生活

教师活动：

教师组织小组开展分享生活照片活动。

同学们，今天我们都带来了自己的照片吗？那么现在以小组为单位，请你在自己的小组里向其他同学讲一讲自己和家人的故事吧。

学生活动：

学生先在小组中进行交流，然后在实物投影仪上介绍自己的照片与故事，并举手回答问题。

设计意图：

通过学生分享照片与故事，贴近学生，贴近生活，贴近实际，能够较好地引起学生的共鸣，使其体会到不同时期家人的爱。

主题活动二：分享不愉快

教师活动：

提问：你是否与家人之间发生过不愉快呢？当时你有怎样的感受？为什么原本和谐亲密的关系会变得有些紧张了？

让学生进行情景扮演：亲子间面对矛盾冲突时，双方的语言冲突有哪些？哪些是你不喜欢听的话，你是如何回应这些话的？

学生回答后，教师进行总结：教师站在学生的角度帮孩子分析这些话是否存在道德评判 / 进行比较 / 回避责任 / 逼迫威胁。

学生活动：

学生审视自己是否存在暴力语言的因素，从家长与孩子的不同角度认识"不愉快"产生的原因。

设计意图：

使学生认识到家人之间发生冲突的原因，理解随着年龄的增长和心理的发展，会有自己的想法，有时会觉得家人说的话和要求做的事与自己内心的想法不一致，因此就会与家人产生一些不愉快，所以应当和家人相互理解，多多沟通，去倾听，去理解，去表达。

主题活动三：孩子，你听我说

教师活动：

1. 教师范读龙应台的《亲爱的安德烈》片段。

2. 生活中我们常常会遇到和父母发生矛盾的时候，这是正常的现象，但这是为什么呢？（试从家长的角度与孩子的角度分析）

3. 出示问题：如何理解、读懂父母的话。

总结：在成长过程中，大家可以通过了解家长的方方面面，逐渐理解长辈们的想法。

4. 让学生自我审视：有时候会把家人的关心当作干涉，甚至故意作对。因为在家人眼里，我们缺乏社会阅历，缺乏生活经验，所以我们需要多多和家人沟通。

学生活动：

学生围绕问题，开展小组讨论，细细琢磨老师所讲的话，再回想平常家长们说的话及他们日常为我们做的事情，从而对刚才的问题——这些"不愉快"是什么造成的形成新的认识。

设计意图：

通过对活动小结，增强学生对日常家庭生活中快乐与不愉快并存是常见的这一认识。

让学生理解在生活中，面对同样的事情，不同家长所持的态度可能是不相同的，而只要善于换位思考，合理分析，就能感受到每一个回应背后的那份爱，在此过程中明白情绪宣泄和正确表达需求的方式。

主题活动四：突破重点难点

教师活动：

通过案例引导学生联系自身，把自己的请求说出来。

回忆一下，当你无法接受爸妈的要求时你是怎么回应的。

当你和家人产生矛盾的时候，通常会采取什么样的态度和做法？

学生活动：

预设 1：把事情说清楚，陈述事实。

预设 2：不激化矛盾，事后说清楚，清晰表达感受，争取获得家长的理解。

预设 3：平复心情，提出需求时不含糊，多想想家人对自己的爱。

设计意图：

突破重点理解父母的爱后，通过续问逐步引导学生从双方的角度出发，重视主动交流和沟通，强调主动交流的重要性，突破难点。

主题活动五：我与父母做朋友

教师活动：

1.学生与同学分享自己在生活中主动沟通、促进和家人相互理解的事例，描述家人的闪光之处。

2.教师展示沟通小技巧。

（1）倾听的技巧：避免沉默不语；变换回答的方式，不要总是回答"嗯、嗯、嗯""对、对、对"等；不要随便打断别人的话语，多听才能知道对方到底要表达什么，才能了解对方的心思；听到对方的话跟你的想法不一致的时候，不要马上就一口否定，或做出反驳，而是待人说完后，先给予肯定，然后再以询问的语气说出你的观点。

（2）肢体语言的技巧：身体面向对方，并适当地前倾，使对方感觉你在认真倾听；保持目光接触，停下手中正在做的事。

（3）"说"的技巧：说话时思路清晰，主题明确，态度真诚。

学生活动：

学生记下父母的优点，认识到其实父母身上都有许多闪光之处，只要留心看，定能发现。

同时，学生也要认识到要学会表达自己内心的想法，让家人理解自己，使家中的生活氛围更和谐。

设计意图：

通过分享故事，讲述父母的优点，帮助学生学会沟通的小技巧，引导学生多去与家人沟通交流，相互理解。

主题活动六：情感升华

教师活动：

同学们，我们要用心体会和理解家人的爱，透过家人的言行举止甚至是批评和教育来感受他们的爱。

学生活动：

学生倾听教师讲课。

设计意图：

学生认识到家人是爱自己的。

课堂总结

教师活动：

师：同学们，我们要读懂彼此的心，读懂家人对我们的爱，学会相互理解，主动与家人交流并且常沟通，用小技巧去弥合与父母沟通的鸿沟。

学生活动：

认真听讲，总结本课的知识点。

设计意图：

加深学生对本课知识的理解。

课后作业：给父母的一封信

教师活动：

请同学们以"你们的爱，我体会到了"为主题，给家长写一封"三行感恩信"（控制在三行内，每行最多一句话），完成"我长大了"评价单。

学生活动：

学生课后撰写信件，下节课前朗读自己的"三行感恩信"，并聆听他人的朗读，说一说自己是否有新的收获，是否能联想到自己的家里也有类似的爱。

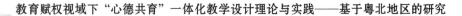

设计意图：

以信件的方式既保护了学生的个人隐私，也为沟通学生与家人提供了一个途径。

让学生认识到要用心理解和体会，从家人的言谈举止，甚至是批评和教育中感受他们的爱，同时也要学会表达自己内心的想法，让家人理解自己，使家中的生活氛围更和谐，维护好亲子关系。

《让我们的家更美好》教学设计

【教学主题】

让我们的家更美好。

【教学时长】

1 学时。

【与主题（章、节）相关的教学资源名称】

纸质资源：人教版五年级下册《道德与法治》第一单元第 2 课。

电子资源：教学视频、PPT 课件。

其他资源：无。

【教学目标】

知识与能力：学生能够明确每位家庭成员都应该承担家庭责任，作为家庭的一员，应独立完成自己在学习和生活中力所能及的事情，做到自理、自立；学生能够分析和运用营造和谐家庭气氛的方式，学会关心和帮助其他家庭成员。

过程与方法：通过情境探究的方式，开动学生的脑筋，使学生学习和积累一些缓解家庭生活"低气压"、营造家庭良好气氛的方式。

情感、态度与价值观：从小树立家庭责任感，逐步树立责任意识；学生能够感受家庭的美好与幸福，享受家庭的和谐与民主。

【学情分析】

1.五年级的学生通过以往的道德与法治课的学习，已具备一定的学习基础和学习能力。他们活泼、机灵，学习态度端正，上课时能够主动思考，进行创造性的学习。然而其学习的耐力和集中力较为薄弱，仍需要教师的正确引导。

2.通过上一课的学习，学生已经认识到自己与家人在某些方面的不同，并学会相互理解，感受家庭浓浓的爱意。但处于此年龄阶段的学生，认知发展从具体逐渐向抽象过渡，因此对家庭责任的认识尚未成熟，存在片面的认知，理解起来有些难度。除此之外，学生对自身能力的估计不足，自立自强的培养也处于初步发展阶段，需要一个较长的过程；缺乏关心以及帮助家人的经验等。

【课前预习任务】

1.学生提前熟悉教材中本节课的内容，适当进行知识的拓展。

2.准备好自家的家庭责任单以及自己的自理、自立清单。

【教学内容分析】

本节课为人教版《道德与法治》五年级下册第一单元第二课的学习内容。本课《让我们的家更美好》由两个板块组成。在第一个板块"担当家庭责任"中，学生了解每一位家庭成员在家庭中的责任，积极承担自己的家庭责任；树立自立自强的意识，完成学习以及生活中自己力所能及的事情。在第二个板块"同商议 共承担"中，学生需知道家庭变化的突发性，学会关心和帮助家庭成员，一起度过困难时期。同时，当家庭中出现争议时，学会用和谐、民主的方式比如召开家庭民主生活会等方式解决问题，一起讨论、一起商量，感受家庭的和谐与美满。

思维导图如下所示：

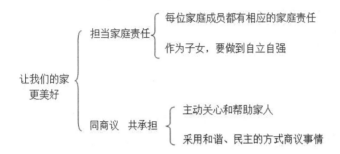

【教学重点、难点】

教学重点：理解与掌握每位家庭成员应当承担的家庭责任，学习营造良好家庭气氛的方式。

教学难点：树立家庭责任感和自立自强意识，掌握和运用关心和帮助家人的方法。

解决措施：通过教师课堂教学的主导理念，运用小组合作、情境探究等学习方法来发挥学生的主体性作用，使学生在掌握基本内容的基础上，综合分析及运用所学知识。

【教学方法】

情境教学法、活动教学法、任务驱动教学法。

【教学环境】

教室环境安全、舒适；教学软件设施齐全、可操作。

【教学过程设计】

新课导入：争当家庭小助手

教师活动：

1.谈谈寒假里"我"在家里做了哪些家庭事务。

2.最后引出：拥有美好幸福的家庭生活是每个家庭成员的共同愿望和要求，需要每个家庭成员的参与和付出。所以，我们小孩子也应该做点什么。

学生活动：

课前完成假期生活小调查。

设计意图：

通过分享不同的假期生活小调查吸引学生的注意力，将他们快速地从下课的放松状态拉回到课堂中来。

主题活动一：家庭责任单齐分享

教师活动：

1.课前准备：让学生提前和父母一起准备家庭责任单，并通知家长对学生的家庭责任描述进行评价。孩子和父母的双向互动，也有利于家庭的和谐与美好。

2.教师活动：随着年龄的增长和能力的提高，我们在家庭生活中承担的事务越来越多。想必大家也有一定的体会，现在请同学们一起来分享自家的家庭责任单吧。

3.教师对学生的发言进行点评总结后，进行知识的拓展与联系：根据我国法律规定，父母对未成年子女负有抚养、教育和保护的义务；成年子女对父母有赡养、扶助和保护的义务。

学生活动：

学生展开讨论，前四小组进行责任单的展示，后四小组进行补充，并且找出家庭责任单的共同点。

设计意图：

通过小组讨论，发挥小组成员的主动性与创造性；同时让学生清楚正是因为有家庭责任感的存在，我们才感受到了安全与幸福。

主题活动二：我的自理自立表现

教师活动：

现在我们开始来玩一个有趣的分享游戏吧。

1. 宣布游戏规则。

老师把同学们的学号卡片放进一个袋子里，大家听音乐依次传递，当音乐停止时，袋子传到谁的手中，谁就摸出一张学号卡。接到袋子的同学展示自己的"自理、自立表现"，而被摸到学号相对应的同学则需要对前面同学的表现做出评价，并说出自己与前面同学不同的表现。

2. 开始游戏。

3. 总结：听了同学们的发言，老师为大家感到骄傲与自豪，真棒，孩子们。老师希望同学们能够继续保持好自理自立的良好习惯，同时，作为学生，我们也应该努力学习，努力成长为一个有担当、有责任感的大人。

学生活动：

学生一起参与到轻松而愉快的游戏环节中去，勇敢发言，向同学们展现自己的自理自立表现。

设计意图：

通过设计游戏，激发学生的学习兴趣，让学生有话可说，锻炼学生的语言表达能力，使其更加主动地参与到课堂教学活动中去。

主题活动三：家庭难题齐解决

教师活动：

1. 教师提前收集好同学们在家庭生活中遇到的难题，形成任务袋。每个小组抽取一个任务袋，一起帮助同学答疑解惑。

2. 对学生的发言进行鼓励与适当的补充。

学生活动：

学生积极发言，给同学出谋划策。

设计意图：

通过情境探究的方式，开动学生的脑筋，使学生学习和积累一些缓解家庭生活"低气压"、营造家庭良好气氛的方式，更好地应用到现实家庭生活中。

主题活动四：齐心协力，共渡难关

教师活动：

1. 播放视频：黑龙江援鄂医疗队队员 9 岁儿子的一封家书。

2. 教师小结：这位 9 岁的小男孩用他稚嫩的双肩挑起了家庭的责任，疫情无情，人间有爱。千千万万"逆行者"的身后更有无数的为其排忧解难的家人们。

3. 追问：在我们的身边有这样的画面吗？你会想起谁？

4. 总结：家，是共同承担风雨的地方！那份承担，让我们的家更加美好！

学生活动：

1. 观看视频，谈谈自己从中学到了什么？

2.（图片展示）我身边的画面。

3.学生通过视频明白"一声关心的问候、一句贴心的劝慰、一起用心的陪伴、一份厚重的承担"。

设计意图：

通过完成任务的方式，引起学生关于自身家庭生活的共鸣，知道家庭变化的偶然性，学会关心和帮助家人的方式，承担起自己的家庭责任。

主题活动五：描述喜欢的家庭的"样子"

教师活动：

1.你的家庭属于哪种类型呢？

2.你最喜欢哪一类？我们来进行一次投票表决。

3.在生活中，我们可以通过什么方式营造民主、和谐的家庭氛围呢？

学生活动：

1.学生各抒己见，自由表达，同时做好笔记。

2.投票表决。

设计意图：

选择喜欢的家庭类型，投票表决，加深对知识的理解，使学生能够达到良好的学习效果。

主题活动六：家庭民主生活会知多少

教师活动：

1.教师引导学生阅读课本第15页的阅读角，了解家庭生活民主会。并且提问学生：你们家会召开过民主生活会吗？你赞同这种交流方式吗？并说说你的理由。

2.角色扮演，模拟家庭民主生活会。

3.总结：在生活中，我们可以通过和谐、民主的方式守护我们的家园，和家人同商议，共承担。

学生活动：

学生角色扮演，分析体会和谐、民主的氛围对家庭建设的作用。

设计意图：

通过知识拓展，拓宽学生的知识面，使其学会在现实生活中运用和谐、民主的方式解决家庭问题，提高自己的实践能力。

课堂总结

教师活动：

引导学生分享关于承担家庭任务的做法以及分享本节课的收获。

学生活动：

学生分享。

设计意图：

整合课程内容，在分享中收获更多。

课后作业

教师活动：

请学生以主持人的身份召开一次家庭民主生活会。

学生活动：

准备材料参与会议。

设计意图：

学习致用。

《我们的公共生活》教学设计

【教学主题】

我们的公共生活。

【教学时长】

1学时。

【与主题（章、节）相关的教学资源名称】

纸质资源：人教版《道德与法治》五年级下册第二单元第4课。

电子资源：PPT课件。

其他资源：无。

【教学目标】

知识与技能：了解"公共生活空间"与"私人生活空间"的区别，树立"公共空间""公共生活"的意识。

过程与方法：提升在公共空间言行文明得体的能力。

情感、态度与价值观：建立在公共空间言行文明的自豪感，培育社会公德责任感。

【学情分析】

五年级是小学生知识、能力、情感、价值观形成的关键时期，其个体独立性有所发展，而且随着他们社会生活范围不断扩大，对社会有了一些浅显的认识。因此，需要提升其社会道德意识。

【课前预习任务】

让学生提前预习课本内容。

【教学内容分析】

本课为人教版《道德与法治》五年级下册第二单元的第一课，通过"公共空间与私人空间""现实空间与网络空间"的对比，让学生初步从概念上认识"公共生活"，感受其特点，明白公共空间对公民的意义，以培养学生的公民意识与素质。

【教学重点、难点】

教学重点：知道什么是公共生活，增强公共意识。

教学难点：懂得维护公共利益是更好地享受公共生活的前提，明白这是社会文明的保障。

解决措施：通过课堂讨论，引导学生思考不同场景下相同行为的影响，使其树立"公共空间""公共生活"的意识。

【教法、学法】

教法：知识讲授法、直观演示法。

学法：心理体验法、活动探究法。

【教学环境】

教室。

【教学过程设计】

新课导入：外面的世界

教师活动：

老师提问：2020年疫情严重时，大家在家中宅了几个月，当时是否很想走出家门？想去哪儿？为什么？

学生活动：

学生谈想法及感受。

设计意图：

挖掘学生内心对公共生活的感受。

主题活动一：认识公共生活

教师活动：

1. 老师展示一些公共场所、私人场所的图片。

2. 提问：

（1）这些场所与自己的家有什么区别？

（2）2020年疫情期间网课学习时，大家接触到网络平台，请思考这是否属于公共空间。

学生活动：

1. 观看图片并思考。

2. 辨别公共生活与私人生活的特点。

（1）"公共空间"开放式、人员多、流量大，包括虚拟世界。在其中的活动为"公共生活"。

（2）"私人空间"私人化、人员少、封闭化。在其中的活动为"私人生活"。

设计意图：

结合学生的生活经验及认知，明确概念。

主题活动二：感受公共活动

教师活动：

1. 引导学生每人用双手捂着脸，做鬼脸。

2. 组织愿意将鬼脸向大众展示的学生列队。

3. 提问：愿意在全校师生面前展示鬼脸吗？愿意在大众面前做挖鼻孔、说脏话等言行吗？为什么？

4. 引导学生向他人展示笑脸，并谈感受。

学生活动：

谈以下感受：

1. 捂着脸做鬼脸时的感受。

2. 不愿将鬼脸展示给大众的原因。

3. 将鬼脸展示给大众时的感受。

4. 向大众展示不雅言行时的感受。

5. 将笑脸展示给大众时的感受。

设计意图：

以学生内心感受为突破点，引导学生树立"尊他、自尊"的意识，感受文明言行的内动力。

主题活动三：文明的公共生活

教师活动：

将日常活动分别放在公共空间和私人空间，形成对比：在家里或在公共汽车上大声打电话，在公园或在图书馆聊天，在室内床上或在公园长凳上躺着，等等。

老师提问：

（1）一种言行，在哪些空间是文明的，但在哪些空间却是不文明的，为什么？

（2）学生在校园公共空间，什么样的言行是文明的？为什么？

学生活动：

学生四人小组讨论，组长记录并在全班分享。

学生判断并阐述理由，明白"同一言行在不同的空间，其性质会有所不同"，明确在校园生活中文明的言行是怎样的。

设计意图：

培养学生能依据具体情况做出恰当言行的能力，发现生活经验的意义，践行于生活。

课堂总结

教师活动：

公共空间是大众的空间，我们每一个公民的言行都不能妨碍他人、破坏美感、私占资源，这是社会文明的保障。

学生活动：

表达自己的看法和感悟。

设计意图：

总结提升。

课后作业

教师活动：

请学生观察自己或他人在公共空间的言行，判断是否文明。

学生活动：

将课堂所学方法运用于日常生活。

设计意图：

学以致用。

《建立良好的公共秩序》教学设计

【教学主题】

建立良好的公共秩序。

【教学时长】

1学时。

【与主题（章、节）相关的教学资源名称】

纸质资源：人教版五年级下册《道德与法治》第二单元第5课。

电子资源：http://www.haoduoyun.cc/book/rjb/zhengzhi/kw5x/30.shtml.

其他资源：多媒体演示课件。

【教学目标】

知识与技能：学生知道公共生活有哪些公共秩序需要遵守；认识公共标识的含义；学会从不同角度观察社会现象，尝试用合法、合理的方法解决所面临的社会问题；通过识记公共标识，培养看到公共标识能够采取正确行为的能力。

过程与方法：通过游戏，感受到有秩序的良好体验或无秩序的不良体验，进一步认识到公共秩序的社会作用，并明确秩序的设计原则。

情感、态度与价值观：培养学生的公民素养；树立规则意识、责任意识、公约意识，明确构建和谐有序的社会生活人人有责，积极参与公共生活。

【学情分析】

授课对象是小学五年级的学生,处于小学高年级阶段,经过前四年的学习,学生能了解一些公共生活的规则,但学生自觉维护公共秩序的责任和法治意识还停留在浅层,需要进一步教育,让学生明白要依法依规维护公共利益。另外,五年级学生的思维方式发生了变化,逐渐转向以抽象思维为主,对问题的思考比较全面。

【课前预习任务】

1.学生准备:搜集公共标志,调查和收集维护公共秩序的案例等。

2.教师准备:准备教学媒体、教学课件、实验材料等。

【教学内容分析】

1.本课是人教版《道德与法治》五年级下册第二单元"公共生活靠大家"第5课《建立良好的公共秩序》的内容。第二单元第4课是《我们的共同生活》,第6课是《我参与 我奉献》,因此本课在教材中具有承上启下的作用。

2.本课对应的课程标准是:自觉遵守公共秩序,注意公共安全。做讲文明有教养的人。具体对应的内容标准是:自觉遵守公共秩序,构建和谐有序的公共生活。

【教学重点、难点】

教学重点:学生认识到公共生活需要良好的秩序来维护,树立公共生活需要良好秩序的观念。

教学难点:学生从个人、社会、国家的角度综合思考如何共建有序的生活。

解决措施：通过案例分析、游戏等引导学生从不同角度认识秩序，树立良好的观念。

【教学方法】

教法：任务驱动教学法、情境教学法、活动教学法。

学法：自主学习法、合作探究法、小组展示法、社会调查法。

【教学环境】

教室。

【教学过程设计】

新课导入：案例分析

教师活动：

老师出示疫情防控违法案例，组织学生讨论：为什么这些人犯法了？

出示课本第 33 页法规链接内容，明确公共秩序法规内容。

学生活动：

小组讨论案例，回答问题，发表自己的看法。

设计意图：

获取道德认知。

通过生活中的案例，明白公共生活秩序是有法规保障的。

主题活动：心理游戏

教师活动：

向学生们讲明游戏规则，将全班学生分为两大组，比赛。

以十字路口的交通规则为设计原理,交叉的两组学生需到达对面,要求是同学间不触碰的前提下快速完成。

游戏后询问:本组快速或缓慢的原因是什么?

引导学生明确公共秩序的设计原则为:在群体中,确保高效、安全、舒适等。

先出示现有通用的公共标志,了解其传递的信息。

之后,以课本第31页至第33页的场景为例,引导学生设计相应的公共标志。

学生活动:

学生参与游戏,之后小组讨论,就老师的提问谈感受及认识。

学生四人小组讨论,设计公共标志,完成后在班级分享,需阐述设计意图。

设计意图:

建立道德情感,培养道德意志。

通过游戏,感受到有秩序的良好体验或无秩序的不良体验,进一步认识到公共秩序的社会作用,并明确秩序的设计原则,以培养在具体场景中能灵活调整自己言行的能力。

获取道德认知,建立道德情感。

通过认识现有公共标志,了解标志作用及设计方法。

通过设计公共标志,激发创造力及对秩序的认知。建立有序参与公共生活的态度情感。

课堂总结

教师活动:

引导学生分享收获,进行总结。

学生活动：

分享收获。

设计意图：

理清思路，总结收获，检验学习成果。

课后作业

教师活动：

发放表格"我是秩序小卫士"，引导学生在课后观察言行、践行公共秩序。

学生活动：

学生在课后观察自己或他人言行，判断是否符合秩序要求，填写表格，一周后上交。

设计意图：

实践道德行为。

通过课后作业，将课堂教育延伸，回归学生生活，稳固道德行为。

《我参与　我奉献》教学设计

【教学主题】

我参与　我奉献。

【教学时长】

1学时。

【与主题（章、节）相关的教学资源名称】

纸质资源：人教版五年级下册《道德与法治》第二单元第6课。

电子资源：视频、图片。

其他资源：社会环境。

【教学目标】

知识与技能：认识到友善待人、文明有礼、奉献服务的意义；懂得如何与人友善、文明有礼交往，能够积极参与校内外活动，主动承担社区事务；以多种形式参与公益活动，有效地帮助需要救助的个人和群体，发挥公益的力量。

过程与方法：通过火神山清洁护士辛苦工作的事迹，让学生感受在国家危难时刻国人之间的友善相待，体会其中意义；通过传递责任、担当、奉献、友爱、刻苦、进取的奉献精神，让学生明白奉献精神的内涵之丰富。

情感、态度与价值观：在志愿活动的美好体验中，激发学生良好的奉献和服务意识。

【学情分析】

1.本节课授课对象为小学五年级的学生，结合学生亲身参与学校组织的志愿者活动，学生有了自己的亲身体验，初步懂得了参与校内校外活动和志愿、奉献、服务意识之间的关系，基本能够适应社会公共生活，多数学生文明有礼貌，能积极学习和奉献一己之力。但还有少数学生不太愿意参与志愿活动及践行奉献精神，以及平常在课堂上、集体活动中不能很好地约束自己，甚至个别孩子有模仿社会上不良言行的现象。

2.自新冠肺炎疫情以来，孩子们看到过很多关于疫情的新闻，收获了很多感动，认识到医护人员等身在一线的广大社区工作者舍小家为大家，为社会无私奉献着。但在实际生活中，他们几乎没有近距离接触过一线疫情防控。这节课就可以让孩子们切切实实感受到友善、文明、服务、参与，同时引导他们参与其中，既让他们懂得这样被保护着的温暖，也让他们能够萌发出传承这份无私去通过自己的奉献来温暖他人的意识，进而培养孩子们无私奉献的精神。

【课前预习任务】

收集自己身边有关友善相待、奉献精神、服务社区、参与公益的事迹。

【教学内容分析】

《我参与 我奉献》是人教版《道德与法治》五年级下册第二单元"公共生活靠大家"的内容。第二单元旨在引导学生从整体上对个人和公共生活的关系形成全面的认识，懂得公共生活的有序和谐需要每个公民共同参与，重在培养学生的公民意识和法治意识。本课由四个话题组成，即"友善相待""文明有礼""服务社区""参与公益",旨在培养学生的公共参与积极性,使其做到友善待人、文明有礼,树立学生的社会责任感。

【教学重点、难点】

教学重点:树立友善待人、文明有礼的意识,争做文明有礼人。

教学难点:树立公民的责任意识,具有无私的奉献精神。

解决措施:一是结合学生日常志愿活动体验,激发学生的奉献意识;二是结合新冠肺炎疫情暴发后一方有难八方支援的情况,让学生感受中国力量、爱的力量。教师把教材内容和疫情的相关事迹融于教学中,让学生感受友善待人、文明有礼的意义,感受志愿者和公益的力量,明白什么叫作公益,体会到无私奉献的精神。

【教学方法】

讲授法、启发式教学法、讨论法。

【教学环境】

教室。

【教学过程设计】

新课导入

教师活动:

激趣导入,引入话题:

老师引用名言"赠人玫瑰,手留余香",自然引入本节课的话题。

1.让学生回忆自己在校内校外参与过的志愿服务活动。

2.学生小组交流，代表分享。

小结：结合学生自己的亲身经验，适时将学生带入本课的话题："参与"和"奉献"。

学生活动：

学生认真回忆，学生代表发言分享。

设计意图：

通过学生熟知的志愿者活动容易引发学生的共鸣。在学生分享时，引导学生进入主题的同时让他们都对自己身边的志愿活动有所思考，激发学生的兴趣，使学生快速进入主题。

主题活动一：友善相待

教师活动：

新冠肺炎疫情来势汹汹，期间，涌现出一批"最美逆行者"。教师讲述"疫情"故事，引导学生从中发现"最美精神"。

（1）责任、担当：医护人员的故事，如钟南山爷爷、广东省韶关市支援湖北荆州医疗队的刘易林医生，播放视频。

（2）奉献、友爱：志愿者和慈善家的故事，如歌星韩红、快递小哥汪勇。

活动小结：让学生感受友善相待的温情，从而懂得友善相待的意义。

学生活动：

认真听讲，学生积极思考和讨论还有哪些友善相待的人物和事例，谈谈自己的感想。

设计意图：

通过火神山清洁护士辛苦工作的事迹，让学生感受在国家危难时刻国人之间的友善相待，体会其中意义。与此同时，也让学生善于发现那些无私奉献的典型事例。

主题活动二：奉献精神

教师活动：

让学生参与小组交流，分享自己所了解的疫情期间涌现的具有志愿服务精神的人物和事例。

学生活动：

积极分享自己所了解的疫情期间涌现的具有志愿服务精神的人物和事例。

设计意图：

小组讨论交流，让学生在自己所了解和认知的范围里去分享和体悟志愿服务的典型事例，使"奉献精神"这一理念更加深入学生心灵。

主题活动三：服务社区，参与公益

教师活动：

1.情景演绎："走"进社区，亲身"体验"

挑选一定数量的学生（自愿优先），进行每轮的情景演绎。

情景一：你和同学走在路上，看到前面的人将矿泉水瓶随手扔在地上。

情景二：老师在教室向同学们布置了一个志愿者任务，需要两名同学做志愿者去帮助指挥和维护放学时校门口的秩序。

预设1：教室顿时安静了下来，有些学生虽然想去参加，但因为大家都表现得不想自愿参与，也变得犹豫不决。

预设2：学生积极参与。

2.针对以上两种情景，发表你的看法。

小结：由"最美逆行者"身上的奉献精神去体会每一份真挚的感情，从而启迪学生把这些"最美精神"带到我们日常生活学习中，例如每天的值日、中高年级学生的值周工作、队干部负责校园管理评分工作等。

3. 事例分享，并让学生思考：如何提升自我素养，成才后为社会奉献更高专业技能的力量？

学习专业人士的刻苦、进取精神，如钟南山院士、李兰娟院士、张文宏博士、陈薇院士等。

学生活动：

1. 回想自己在电视上看到的或听身边人说起的英雄事例，引起共鸣。

2. 参与情景演绎，亲自参与到奉献社会的事情中去。

3. 学生认真聆听分享的事例，了解参与公益活动的途径，树立积极参与公益的愿望。讨论其他参与公益活动的途径。

设计意图：

通过传递责任、担当、奉献、友爱、刻苦、进取的奉献精神，让学生明白奉献精神的内涵之丰富。让学生明白在这次抗疫战争中，有千千万万的志愿者们，他们用实际行动尽自己的努力去诠释志愿精神：奉献、友爱、互助、进步。

口头小结，以作衔接，引发学生更多的内心活动，使其产生更多的参与社会公益活动的念头。

教师引导学生参与到情景演绎中去，让学生亲身尝试参与社会公益活动，了解到或小或大的行为都是我们为社会奉献出的一份力，我们应怀着这份热忱参与到这些工作中去。

主题活动四：回归当下，分享志愿计划

教师活动：

让学生尝试制定一个"志愿者计划表"，写下自己的志愿计划。

学生活动：

积极分享日常生活中参与公益活动的事例,随堂写下自己的"志愿计划"。

设计意图：

进一步激发学生对参与公益活动的热情。

课堂总结

教师活动：

1. 总结课堂内容,引导学生参与到实际行动当中。

2. 拓展延伸,举例:在学校的校园清洁工作、值周工作,在校外的书房志愿工等都是在为集体、为他人服务。

学生活动：

同老师一起回顾并做好笔记。认真聆听老师所说话语,并将其内化于心,外化于行。

设计意图：

系统归纳,梳理知识结构。进一步帮助学生回顾本节课所学知识,加深印象。

课后作业

教师活动：

让学生结合本次主题完成作业：按照自己制定的"志愿者计划表"去践行并积分。

学生活动：

实践行动,积极参与,邀请同学监督。

设计意图：

呼应本节课主题,呼吁学生参与、奉献,引导其付诸行动。

第十一章　六年级教学设计

《学会尊重》教学设计

【教学主题】

学会尊重。

【教学时长】

1学时。

【与主题（章、节）相关的教学资源名称】

纸质资源：人教版六年级下册《道德与法治》第一单元第1课。

电子资源：PPT、网络课程。

其他资源：无。

【教学目标】

知识与技能：学会如何尊重他人和自己。

过程与方法：通过情景模拟、合作探究等活动，学生学会分析、评价自己的道德品质。

情感、态度与价值观：能主动认识并关注我们身边值得尊重的人和群体。

【学情分析】

性格特征：活泼好动，倾向与他人交往，但伙伴之间缺乏必要的尊重与理解，因此同学之间时常有争执。

道德品质：经过一定时间的学习教育，本班学生可以独立判断行为性质好坏优劣，但道德意志薄弱，自控力不强，时常出现纪律松懈现象。

学习情况：班级整体学生的课堂专注力增强，但学习较为被动，部分学生仍然出现上课分神，抄袭作业的现象，缺乏竞争意识。

心理特征：六年级学生处于青春叛逆阶段的前期，独立愿望强，同时也渴望得到更多的尊重与理解，不希望大人干涉自己，不接受教师的说教。

【课前预习任务】

让学生用小卡片写下自己对"尊重"二字的理解。

【教学内容分析】

本课为人教版六年级下册道德与法治第一单元第 1 课，共有 3 个部分，分别为"每个人都应得到尊重""尊重自己""尊重他人"。本课是六年级下册道德与法治的开篇内容，"尊重"贯穿本课的始终，从各种生活情境和社会角色入手，从个体到每一个人，从尊重自己到尊重他人，推己及人，旨在培养学生换位思考，有荣誉感和羞耻心的美好品质，同时渗透法治意识，为学习下一课的内容打下坚实的基础。

【教学重点、难点】

教学重点：懂得什么是尊重以及如何尊重。

教学难点：认识到每个人都拥有生而为人的尊严。

解决措施：通过情景模拟、角色扮演、合作探究等课堂活动，使学生体会社会上不同角色的感受，通过角色换位突破教学重难点。

【教学方法】

教法：案例分析法、情境创设法、讲授法。

学法：合作探究法、自主学习法。

【教学环境】

教室。

【教学过程设计】

新课导入：每个人都应得到尊重

教师活动：

1. 板书课题：学会尊重。

2. 歌曲导入：播放《长大后，我就成了你》。

3. 引导学生探讨：教师为什么值得尊重？

学生活动：

学生回答歌曲尊重并赞美的是什么人，值得尊重的原因是什么。

设计意图：

播放视频有利于吸引学生的注意力，提高其课堂学习的兴趣；提问的方式既能启发学生思考，又能点明本课主题——尊重。

主题活动一：尊重他人

教师活动：

1. 提出问题，小组讨论。

探索：还有什么人值得尊重？为什么值得尊重？

2. 教师展示图片，问学生认识吗，并让学生说说以上这些人是否值得尊重。

（1）钟南山；

（2）袁隆平；

（3）屠呦呦；

（4）杨利伟。

3. 提出问题：引导学生思考除了要尊重这些为国家做出贡献的人，在日常生活中我们还应该尊重哪些人？为什么要尊重普通人？

4. 讲明要求，开展"小剧场"活动。

5. 教师小结：无论一个人是否对社会做出巨大的贡献，是否拥有一定的社会地位，都应该被尊重，每个人都拥有生而为人的尊严。说说你身边有哪些值得尊重的人，讲讲他们的故事吧。

6. 拓展：如果每个人都能得到尊重，社会将会发生什么变化？

知识链接：《中华人民共和国宪法》。

学生活动：

1. 学生小组合作：说明自己尊重的人，并说明理由。

2. 直接举手回答问题并分享。

3. 认真聆听剧场活动的游戏规则，与同伴一起演练，"如果有人因为你肥胖或者个子矮而嘲笑你，你是什么感觉""别人因为你年龄小，而不尊重你，直接否定你的建议是什么感觉"。

4.小组合作，联系生活实际回答问题：快递员、父母、环卫工人、保安叔叔、值日的同学。

设计意图：

1.通过情景模拟，结合教师的讲解，促进学生更好地理解尊重的含义。

2.提出的问题贴近学生生活，使学生有话可说，有利于引导学生从生活中的人和事去思考问题，从而理解每一个人都应受到尊重。

主题活动二：尊重自己初体验

教师活动：

1.完善句子，并思考尊重自己的表现。

（1）如果下周一我代表全校学生做国旗下讲话，我会穿得（　）。

（2）在教室里自习，我会遵守秩序、保持安静，是因为（　）。

（3）有人给我起难听的外号，并当众取笑时，我会觉得（　）。

（4）我不漂亮，但我很喜欢自己，因为（　）。

2.拓展：尊重自己的表现

尊重自己包括自尊、自重、自爱和自我接纳。人人都有自己的尊严，并注意维护。因此，人们在容貌、衣着上修饰自己，在言行举止上约束自己，不容许别人的歧视与侮辱。

学生活动：

学生思考。

设计意图：

了解尊重自己就要自尊、自重、自爱和自我接纳。

主题活动三：案例展示

教师活动：

1.过渡：有个同学刘菲，班里开展活动，她总是借故不参加。请同学们帮她找一找原因。（教师指导学生读课本第4页"活动园"的故事）

结合故事说一说：

（1）从刘菲的心灵独白中你看出她是用什么眼光看待自己的？

（2）你觉得刘菲是个尊重自己的人吗？为什么？

（3）你有什么好建议帮助刘菲走出困境，让她发现更好的自己吗？

2.点拨：（1）她总是用鄙夷的眼光看待自己，认为自己没什么优点。无论外表、学习还是能力，她都觉得自己比不上别人。

（2）不是。因为她很自卑，不接纳自己，不相信自己的能力，看不到自己的闪光点。

（3）每个人都有可爱之处，关键在于发现；即使喜欢自己的人不多，也要坚信自己的独特，无须为此自卑；我们要学会悦纳自己、欣赏自己，欣赏自己的独特，欣赏自己的优点，欣赏自己的努力，看到自己的闪光点，不自卑、不自弃。

3.拓展：尊重自己的表现

善于发现、相信自己的价值，不自我贬低，不自卑就是尊重自己的重要表现。

主题活动四：悦纳自己、欣赏自己

学生活动：

学生阅读并思考。

设计意图：

明白善于发现、相信自己的价值，不自我贬低，不自卑，就是尊重自己的重要表现。

教师活动：

我不漂亮，身材有些矮小，但我很喜欢现在的自己，因为我很____。

我的学习成绩不太好，但我已找到原因，我会奋起直追，我会____。

我父母很平凡，但他们很爱我，很关心我，让我体验到家的温暖，我会____。

总结：在生活中，人人都可能有不如别人的地方，如长得不漂亮，个子不够高，学习成绩不够好，家庭条件一般等。只要不气馁、不灰心、不放弃，自己相信自己，自己尊重自己，我们就可以通过进一步的努力，找到自己的人生价值，感受到尊重。

学生活动：

小组合作思考。

设计意图：

通过探究培养学生悦纳自己、欣赏自己的良好情感。

主题活动五：自我反思、自我批评

教师活动：

学生以小组为单位（四人为一小组），在组内交流自己做过损害自己的形象、损毁自己的名誉、丧失自己的信誉的事情，对照自己的行为，进行自我反思，自我批评。

学生活动：

学生明白只要我们不断学习，永不放弃自我成长，我们就会不一样。

设计意图：

通过自我反思，让学生明白只要改正后就能成为尊重自我、尊重他人的人。

主题活动六：情景模拟

教师活动：

1.我们在生活中会遇到一些"好脾气"先生,他们对谁都和和气气。但是,"好脾气"先生也有他的烦恼。请同学们阅读课本第 6 页的内容,请大家演练一下并思考："讲道理"先生说"好脾气"先生的做法是不尊重自己,你同意他的说法吗？说说你的理由。

2.以下哪些行为属于"尊重自己"？哪些属于"过度维护自己"？过度维护有什么危害？谈谈你判断的理由。

（1）陈刚听不得批评，每次别人提意见，他都要找很多理由为自己辩护。

（2）王凯给赵明起了一个难听的外号，赵明一听就火了，要求王凯向他道歉。

学生活动：

学生思考并判断。

设计意图：

通过学习，知道过度维护自己的不良后果，培养适度维护自己就是尊重自己的意识和习惯。

课堂总结

教师活动：

尊重自己是人生的一道底线，是人生的一个亮点，自尊无价，愿我们自尊自重自爱，不自卑不虚荣，共同感受尊重自己带来的快乐。

学生活动：

认真聆听，补充笔记。

设计意图：

梳理本课所学，加深学生记忆。

课后作业

教师活动：

让学生收集关于"尊重"的名人名言并制作成书签。

学生活动：

收集名言、做书签。

设计意图：

深化印象、培养动手能力。

《学会反思》教学设计

【教学主题】

学会反思。

【教学时长】

1学时。

【与主题（章、节）相关的教学资源名称】

纸质资源：人教版六年级下册《道德与法治》第一单元第3课。

电子资源：PPT。

其他资源：投影仪。

【教学目标】

知识与技能：明确反思的含义，懂得反思的意义，掌握反思的方法；学会将反思融入学习生活中，学会主动反思，养成反思的良好习惯。

过程与方法：通过学生分析案例，教师引导得出结论，学生进一步掌握反思的方法，学会从不同方面进行反思。

情感、态度与价值观：树立正确的人生观，能够更加积极地面对挫折和失败，展望未来，促进自身成长。

【学情分析】

1.六年级的学生思维活跃，求知欲强，班级大部分学生能够做到乐于学习，乐于表达，善于分享，参与课堂活动较积极。

2.他们已经不是低年级的孩子,对生活有所体验和感悟,有反思的能力,但是没有养成反思的良好习惯。

3.六年级学生的思维方式发生了变化，开始以抽象思维为主，但是对抽象概念的理解能力比较弱，教学中需要重视把抽象化为具体。

【课前预习任务】

1.准备暑期生活计划表。

2.准备小学阶段印象最深刻的一件事。

3.阅读本课内容。

【教学内容分析】

1.本课是第一单元"完善自我　健康成长"的第三课《学会反思》，包括"生活离不开反思"和"养成反思好习惯"两部分内容，为1个课时。

2.本课是在一至五年级课程中"我的健康成长"主题学习的基础上，聚焦反思的，同时也是第一单元的落脚点。学好本课，可以促使学生养成良好的学习方法和思维习惯，更好地完善自我，健康成长，

3.在"生活离不开反思"这一部分，学生需要理解"反思是什么"和"反思的意义"，在"养成反思好习惯"这一部分，学生需要掌握反思的方法、时机、方式，最终养成良好的反思习惯。因此，教学时要注重从学生已有的生活经验出发，运用贴近学生、贴近生活、贴近实际的案例，引导学生参加课堂活动，开展小组合作探究，在实践中明白反思的重要性。

【教学重点、难点】

教学重点：掌握反思的意义，从反思中获得成长经验。

教学难点：掌握反思的方法，从不同角度进行反思。

解决措施：案例分析、小组讨论。

【教学方法】

教法：启发教学法、任务驱动教学法、情境教学法。

学法：小组合作探究、理论联系实际。

【教学环境】

多媒体教室。

【教学过程设计】

新课导入

教师活动：

我们经常说"吃一堑，长一智"，老师想问问大家，"吃一堑"一定就会"长一智"吗？我们经历了挫折、困难后怎么样才能增长才智呢？

总结：我们要从挫折和困难中总结出经验和教训，才能增长才智。同学们能用一个词语概括这个行为吗？（引导学生说出"反思"）

学生活动：

预设1：要对挫折进行思考；要从失败中总结出经验教训；要分析失败的原因，从中获得成长。

预设2：总结；思考；反思。

设计意图：

引用与"反思"有关的名言，激发学生兴趣，提出问题，引发学生思考，通过学生的回答，引出新课。

主题活动一：反思进行时

教师活动：

1.时光飞逝，我们已经进入小学阶段的最后一个学期了。在小学阶段，你印象最深刻的一件事是什么？为什么这件事给你留下这么深刻的印象？

2.请与同学分享令你印象最深刻的事情。

（学生分享）

3.我们一起来看看班上两位同学的分享。

（列举课件上的例子，再分析第22页活动园中这两位学生的观点）

你从两位同学的反思中获得什么启发？

4.总结：非常感谢同学们的分享，当我们这样回忆和思考过去发生的事情，从中总结经验和教训时就是在反思。我们人人都经历过反思，都有一定的反思能力。

反思作为内心活动，是自我完善的一种方式，能帮助我们回顾、分析和总结过去。我们应该主动反思，从而更好地把握现在和未来。

学生活动：

1.把答案写在纸上，并举手分享。

2.齐读书本中反思的定义。

设计意图：

通过学生分享最深刻的一件事的话题，贴近学生，贴近生活，容易引发学生的共鸣，使其更好地体会反思。

主题活动二：学以致用

教师活动：

活动二：学以致用

1.请看课本第24页，罗康同学向老师分享了他的反思日记，老师觉得他做得非常好，值得大家学习。征求他的同意后，我们一起来看看他是如何做的吧。

哪位同学能告诉我，罗康同学的反思是怎么进行的，有哪些步骤？

2.总结：第一步，他回忆了事情的经过；第二步，分析了失败的原因；第三步，写了以后该怎么做。这些内容按顺序整合在一起，就形成了我们的反思方法。

3.掌握反思的方法可以让我们更好地进行反思，现在请同学们大声朗读书上的"反思的方法"。

学生活动：

学生分析罗康的反思过程，回答问题"罗康同学的反思有哪些步骤"；全班齐读书本"反思的方法"。

设计意图：

通过学生分析案例，教师引导回答，使学生掌握反思的方法。

主题活动三：反思时机

教师活动：

1.反思时时刻刻都能进行，在特定情况下，尤为重要。同学们阅读书本第25页"郭新的一日生活"，选择你认为特别需要反思的一项，在相应的框内打"√"。

2.总结：我们在做错事后，可以反思事情的经过，吃一堑长一智；在取得成功后,可以反思成功的原因,总结经验;在看到别人的成功与失败后,我们可以借鉴对自身健康成长有益的经验教训。

学生活动:

学生分析案例,回答"你为什么认为这些特别需要反思"。

设计意图:

通过学生分析案例,回答问题,教师引导得出结论,学生进一步掌握反思的方法,学会从不同方面进行反思,突破本课难点。

主题活动四:反思时间

教师活动:

1.播放视频:《三省吾身》。

让学生朗读阅读角中曾子的故事,思考曾子他是在什么时间进行反思的。

材料一:我喜欢完成作业后,把当天的事情在眼前"过电影"。

材料二:晚饭后,我经常和爸爸妈妈在公园散步,聊聊一天发生的事情,相互出出主意。

2.请问同学们有自己专属的反思时间吗?

3.总结:我们每个人都应该有专属自己的反思时间,无须太长,每日坚持,必有收获。

学生活动:

学生观看视频,说出曾子在每天晚上进行反思;阅读材料,分享自己的反思时间。

设计意图:

通过观看视频,学生以曾子为榜样,增强每日进行反思的意识,再利用两则材料,懂得要给反思留出时间。

主题活动五：记录反思

教师活动：

反思的过程很重要，反思的结果更应该记录下来，以便提醒自己。我们该如何记录反思结果呢？

PPT 展示图片：

图一：老师的听课记录表和教学反思，同学们的错题集。

图二：反思既可以是手写的也可以是电子版的。

图三：反思也可以记录在便利贴、本子、qq 空间等处。

总结：你有这样记录反思结果的好方法吗？试一试，也许能助你的生活一臂之力。

学生活动：

学生观看图片，找到适合自己记录反思的方式，做好相应笔记。

设计意图：

通过展现多种不同记录反思的方式，给学生提供反思方法的指导，使学生学会记录反思，养成反思好习惯。

课堂总结

教师活动：

1.总结本板书：

生活离不开反思：反思过去—总结经验—利于成长。

养成反思好习惯：掌握方法—把握时机—适合方式—养成习惯。

2.反思是一面镜子，能帮助我们找到自己的不足；反思是前进的动力，推动我们不断进步。让我们学会反思，在反思中成长。

学生活动：

跟着老师的思路总结这一课的内容。

设计意图：

加深学生的印象。

课后作业

教师活动：

老师在每一节课后会写教学反思，医生在医治病人后会写医治反思，老师也希望同学们在学完每一节课后能写学习反思。

请同学们运用本节课所学内容，以"学习反思"为主题，对本周的学习生活进行一次学习反思。

学生活动：

完成"学习反思"的作业。

设计意图：

学以致用。

参考文献

［1］佐藤学. 静悄悄的革命：课堂改变，学校就会改变［M］. 北京：教育科学出版社，2014.

［2］刘万伦，戴敏燕，杨莉. 中学心理健康教育校本课程开发的理论与实践［M］. 北京：科学出版社，2015.

［3］崔景贵. 心理教育范式论纲［M］. 北京：社会科学文献出版社，2007.

［4］卫洪光. 中小学体育德育一体化的实践研究［M］. 上海：华东师范大学出版社，2018.

［5］王希永，等. 心理素质教育实用全书［M］. 北京：开明出版社，2000.

［6］张履祥，等. 学校心理素质教育［M］. 合肥：安徽大学出版社，2000.

［7］郑雪，等. 中小学心理教育课程设计［M］. 广州：暨南大学出版社，1997.

［8］刘华山，等. 学校心理辅导［M］. 合肥：安徽人民出版社，2001.

［9］岳晓东，等．中小学心理辅导实用理论与技巧［M］．北京：北京师范大学出版社，2001．

［10］蒋燕．马克思主义的人学思想对大学生心理健康教育的启示分析［C］．多学科融合教育促进复合型人才核心素养发展学术论文集，2019．

［11］刘学兰，曾彦莹，何锦颖．中学生心理健康教育［M］．广州：暨南大学出版社，2012．

［12］余祖伟，关冬梅，邬俊芳，等．中学生乐观与生命意义的关系：自我概念的中介作用［J］．广西师范大学学报（哲学社会科学版），2014（5）：123-127．

［13］张守臣．心理教育论［M］．北京：高等教育出版社，2002．

［14］许思安，攸佳宁，陈相苦．学校心理学［M］．武汉：华中科技大学出版社，2015．

［15］许思安．中学政治学科教学心理［M］．广州：广东高等教育出版社，2014．

［16］方刚．将赋权理论应用于性教育的思考与实践［J］．中小学心理健康教育，2018，13（4）：13-16．

［17］皮连生．教学设计：心理学的理论与技术［M］．北京：高等教育出版社，2000．

［18］刘宣文，赵晶，蔡雪，等．学校心理健康教育课程设计与教法［M］．北京：中国人民大学出版社，2020．

［19］丹尼尔·沙博，米歇尔·沙博．情绪教育法：将情商应用于学习［M］．北京：教育科学出版社，2009．

［20］王芳，刘欣．基于读写技术的心理健康教育校本课程开发［J］．中小学心理健康教育，2021（16）：3．

［21］王啸. 教育人学：当代教育学的人学路向［M］. 江苏：江苏教育出版社，2003.

［22］扈中平，蔡春，吴全华，等. 教育人学论纲［M］. 北京：高等教育出版社，2015.

［23］庞庆举. 人性问题："生命·实践"教育学人学之基［M］. 上海：华东师范大学出版社，2015.

［24］［德］赫尔巴特. 赫尔巴特文集3. 教育学卷一［M］. 李其龙，郭官义，等译. 杭州：浙江教育出版社，2002：187.

［25］［美］杜威. 民主主义与教育［M］. 王承绪，译. 北京：人民教育出版社，1990：6.

［26］［美］巴格莱. 教育与新人［M］. 袁桂林，译. 北京：人民教育出版社，1996：21.

［27］［美］米德. 心灵、自我与社会［M］. 霍桂桓，译. 北京：华夏出版社，1999：146.

［28］［美］布鲁纳. 教学论［M］. 姚梅林，郭安，译. 北京：轻工业出版社，2008：36.

［29］文雪. 论教育的人性假设［J］. 教育理论与实践，2011，31（2）：3.

［30］马玉龙. 批判性思维视角下的道德与法治教学新探：以《道德与法治》四年级上册《这些事我来做》教学为例［J］. 课程教学研究，2021（7）：36-39.

［31］赵雯欣. 批判性思维在中学美术教学中的教学策略设计与实践研究［D］. 信阳：信阳师范学院，2019.

［32］邹俊仪. 道德与法治辨析式议题教学设计［J］. 思想政治课研究，2020（1）：153-156.

［33］师妮，席丽红，师福荣，等．觉醒理论下学前英语教学活动设计研究［J］．教育现代化，2018，5（41）：131-132.

［34］倪凯歌．回归身体与情感：教育戏剧融入幼儿园儿童哲学的路径探索［J］．陕西学前师范学院学报，2021，37（4）：23-35.

［35］刘灵，韩迎春，贺晓玲．"儿童情绪教育戏剧"课程的开发与实践［J］．教育探索，2022（1）：14-19.

［36］李繁．高中思想政治课参与式教学研究［D］．济南：山东师范大学，2021.

［37］蒋楠．参与式教学方法在道德与法治课中的应用［J］．新课程，2021（39）：170.

［38］李婷婷，贾林祥．青少年学生心理赋权现状研究：以徐州市为例［J］．陕西行政学院学，2019，33（1）：122-128.

［39］O'Reilly K，O'Connell P，O'Sullivan D，et al. Moral cognition, the missing link between psychotic symptoms and acts of violence：a cross-sectional national forensic cohort study［J］．BMC Psychiatry，2019，19（1）：408.

［40］Strupp-Levitsky M，Noorbaloochi S，Shipley A，et al. Moral "foundations" as the product of motivated social cognition：Empathy and other psychological underpinnings of ideological divergence in "individualizing" and "binding" concerns［J］．PLoS One，2020，15（11）：e0241144.

［41］Christensen JF，Flexas A，Calabrese M，et al. Moral judgment reloaded：a moral dilemma validation study［J］．Front Psychol，2014，5（607）.

［42］Helion C，Ochsner KN．The role of emotion regulation in moral judgment

［J］. Neuroethics, 2018, 11（3）: 297–308.

［43］Andrejević M, Feuerriegel D, Turner W, et al. Moral judgements of fairness–related actions are flexibly updated to account for contextual information ［J］. Sci Rep, 2020, 10（1）: 17828.

［44］Govrin A. The ABC of moral development: an attachment approach to moral judgment ［J］. Front Psychol, 2014（5）: 6

［45］Fontenelle LF, de Oliveira–Souza R, Moll J. The rise of moral emotions in neuropsychiatry ［J］. Dialogues Clin Neurosci, 2015, 17（4）: 411–420.

［46］Begum A, Jingwei L, Haider M, et al. Impact of Environmental Moral Education on Pro–Environmental Behaviour: Do Psychological Empowerment and Islamic Religiosity Matter? ［J］. Int J Environ Res Public Health, 2021, 18（4）: 1604.

［47］Khan MI, Khalid S, Zaman U, et al. Green Paradox in Emerging Tourism Supply Chains: Achieving Green Consumption Behavior through Strategic Green Marketing Orientation, Brand Social Responsibility, and Green Image ［J］. Int J Environ Res Public Health, 2021, 18（18）: 9626.

［48］Cauda F, D'Agata F, Sacco K, et al. Functional connectivity of the insula in the resting brain ［J］. Neuroimage, 2011, 55（1）: 8–23.

［49］Chapman HA, Anderson AK. Understanding disgust ［J］. Annals of the New York Academy of Sciences, 2012, 1251（1）: 62–76.

［50］Chapman HA, Anderson AK. Things rank and gross in nature: A review and synthesis of moral disgust ［J］. Psychological bulletin, 2013, 139（2）: 300.

参考文献

[51] Cunningham WA, Brosch T. Motivational salience amygdala tuning from traits, needs, values, and goals [J] . Current Directions in Psychological Science, 2012, 21 (1) : 54–59.

[52] Cushman F. The neural basis of morality: not just where, but when [J] . Brain, 2014, 137 (4) : 974–975.

[53] Helion C, Pizarro DA. Beyond dual–processes: the interplay of reason and emotion in moral judgment [M] //Levy N, Clausen J, editors. Springer Handbook for Neuroethics, Dordecht: Springer Netherlands, 2015.

[54] Lieberman MD, Inagaki TK, Tabibnia G, et al. Subjective responses to emotional stimuli during labeling, reappraisal, and distraction [J] . Emotion, 2011, 11 (3) : 468.

[55] Moors A, Ellsworth PC, Scherer KR, et al. Appraisal theories of emotion: State of the art and future development [J] . Emotion Review, 2013, 5 (2) : 119–124.

[56] Ochsner KN. What is the role of control in emotional life? [M] // Gazzaniga M, editor. Social Neuroscience and Emotion. MIT Press: Cambridge, MA, 2014: 719–730.

[57] Ochsner KN, Gross JJ. The neural bases of emotion and emotion regulation: A valuation perspective [M] //Gross JJ, Thompson R, editors. the Handbook of Emotion Regulation. Second. New York: Guilford Press, 2014: 23–42.

[58] Pizarro D, Inbar Y, Helion C. On disgust and moral judgment [J] . Emotion Review, 2011, 3 (3) : 267–268.

[59] Pond R S, Dewall C N, Lambert N M, et al. Repulsed by violence:

Disgust sensitivity buffers trait, behavioral, and daily aggression [J]. Journal of personality and social psychology, 2012, 102 (1): 175.

[60] Workman CI, Yoder KJ, Decety J. The Dark Side of Morality–Neural Mechanisms Underpinning Moral Convictions and Support for Violence [J]. AJOB Neurosci, 2020, 11 (4): 269–284.

[61] Yucel M, Hepach R, Vaish A. Young Children and Adults Show Differential Arousal to Moral and Conventional Transgressions [J]. Front Psychol, 2020 (11): 548.

[62] Ma E, Zhang Y, Xu F Z, et al. Feeling empowered and doing good? A psychological mechanism of empowerment, self–esteem, perceived trust, and OCBs [J]. Tourism Management, 2021, 87 (2): 104356.

[63] Malik M, Sarwar S, Orr S. Agile practices and performance: Examining the role of psychological empowerment [J]. International Journal of Project Management, 2021, 39 (1): 10–20.

[64] Wilson P M. A policy analysis of the Expert Patient in the United Kingdom: self–care as an expression of pastoral power? [J]. Heart Lung & Circulation, 2010, 9 (3): 134–142.

[65] Oliveira–Souza R D, Moll J, Zahn R. Moral Cognition in Neurology [J] .2020.

[66] Begum A, Jingwei L, Haider M, et al. Impact of Environmental Moral Education on Pro–Environmental Behaviour: Do Psychological Empowerment and Islamic Religiosity Matter? [J]. Int. J. Environ. Res. Public Health, 2021 (18): 1604.

[67] Hongbo Yu, Siegel J Z, Crockett M J. Modeling Morality in 3–D:

Decision-Making, Judgment, and Inference [J] . Topics in Cognitive Science, 2019（11）：409-432.

[68] Ma E, Zhang Y, Xu F Z, et al. Feeling empowered and doing good? A psychological mechanism of empowerment, self-esteem, perceived trust, and OCBs [J] . Tourism Management, 2021, 87（2）：104356.

[69] Ballard P J , Cohen A K, Duarte C. Can a school-based civic empowerment intervention support adolescent health? [J] . Preventive Medicine Reports, 2019（16）：100968.